인강 할인 이벤트

맛있는 스쿨  단과 강좌 할인 쿠폰

할인 코드 **hcjpn_firststep**

단과 강좌 할인 쿠폰
20% 할인

할인 쿠폰 사용 안내
1. 맛있는스쿨(cyberjrc.com)에 접속하여 [회원가입] 후 로그인을 합니다.
2. 메뉴中[쿠폰] → 하단[쿠폰 등록하기]에 쿠폰번호 입력→[등록]을 클릭하면 쿠폰이 등록됩니다.
3. [단과] 수강 신청 후, [온라인 쿠폰 적용하기]를 클릭하여 등록된 쿠폰을 사용하세요.
4. 결제 후, [나의 강의실]에서 수강합니다.

쿠폰 사용 시 유의 사항
1. 본 쿠폰은 맛있는스쿨 단과 강좌 결제 시에만 사용이 가능합니다.
2. 본 쿠폰은 타 쿠폰과 중복 할인이 되지 않습니다.
3. 교재 환불 시 쿠폰 사용이 불가합니다.
4. 쿠폰 발급 후 60일 내로 사용이 가능합니다.
5. 본 쿠폰의 할인 코드는 1회만 사용이 가능합니다.
*쿠폰 사용 문의 : 카카오톡 채널 @맛있는스쿨

전화 화상 할인 이벤트

맛있는 톡 할인 쿠폰

할인 코드 **jrcphone2qsj**

전화&화상 외국어 할인 쿠폰
10,000원

할인 쿠폰 사용 안내
1. 맛있는톡 전화&화상 중국어(phonejrc.com), 영어(eng.phonejrc.com)에 접속하여 [회원가입] 후 로그인을 합니다.
2. 메뉴中[쿠폰] → 하단[쿠폰 등록하기]에 쿠폰번호 입력→[등록]을 클릭하면 쿠폰이 등록됩니다.
3. 전화&화상 외국어 수강 신청 시 [온라인 쿠폰 적용하기]를 클릭하여 등록된 쿠폰을 사용하세요.

쿠폰 사용 시 유의 사항
1. 본 쿠폰은 전화&화상 외국어 결제 시에만 사용이 가능합니다.
2. 본 쿠폰은 타 쿠폰과 중복 할인이 되지 않습니다.
3. 교재 환불 시 쿠폰 사용이 불가합니다.
4. 쿠폰 발급 후 60일 내로 사용이 가능합니다.
5. 본 쿠폰의 할인 코드는 1회만 사용이 가능합니다.
*쿠폰 사용 문의 : 카카오톡 채널 @맛있는스쿨

이번에  제대로 맛있는 일본어 일본어 첫걸음

김현정(혼쌤니혼고) 저

맛있는 books

이번에 제대로 맛있는 일본어 첫걸음

| 초판 1쇄 인쇄 | 2024년 12월 25일 |
| 초판 1쇄 발행 | 2025년 1월 1일 |

저자	김현정
발행인	김효정
발행처	맛있는books
등록번호	제2006-000273호

주소	서울시 서초구 명달로 54 JRC빌딩 7층
전화	구입문의 02·567·3861	02·567·3837
	내용문의 02·567·3860
팩스	02·567·2471
홈페이지	www.booksJRC.com

| ISBN | 979-11-6148-089-3 13730 |
| 정가 | 15,500원 |

머리말

안녕하세요. 이 책을 집필하게 된 저자 흔쌤 김현정입니다.
먼저, 이 책을 위해 애써주신 분들께 진심으로 감사의 말씀을 전합니다.
일본어를 배우고자 하는 모든 분들에게 이 책이 든든한 동반자가 되기를 희망하며, 그 여정을
함께하게 되어 매우 기쁘게 생각합니다.

일본어는 전 세계적으로 많은 사람들이 배우고 있는 언어 중 하나입니다. 특히 한국인에게 일본어
학습은 문화적, 경제적, 학문적 측면에서 많은 이점을 제공합니다. 두 나라는 지리적으로 가깝고,
역사적으로도 깊은 연관성을 가지고 있어 언어를 통해 서로의 문화를 더 깊이 이해하고 교류할 수
있는 기회가 많습니다. 일본어를 능숙하게 구사함으로써 한국인 학습자들은 일본의 풍부한 문화와
전통을 직접 경험하고, 비즈니스 및 학문적 협력에서 더욱 효과적으로 소통할 수 있습니다.

본 책은 일본어의 기초인 히라가나부터 시작하여, 일본어 능력시험(JLPT) N3 수준에서 출제되는
다양한 문형과 표현들을 체계적으로 다루고 있습니다. 일본어를 처음 접하는 분들도 쉽게 따라올
수 있도록 친절하고 상세한 설명을 제공하며, 실생활에서 자주 사용되는 예문과 연습 문제를
통해 학습자의 이해를 돕고자 했습니다. 또한, 한국인 학습자들이 흔히 겪는 어려움과 혼동되는
부분들에 대해 특별히 신경 써서 설명함으로써 학습 효율을 극대화하고자 노력하였습니다.

한일 양국은 경제, 문화, 기술 등 다방면에서 긴밀히 협력하고 있습니다. 이러한 협력 관계를
더욱 강화하기 위해서는 상호 간의 언어 장벽을 허무는 것이 필수적입니다. 이 책을 통해 한국인
학습자들이 일본어를 보다 쉽게 습득하고, 이를 바탕으로 한일 간의 소통과 협력이 더욱 원활하게
이루어지기를 기대합니다.

마지막으로, 이 책을 통해 일본어를 배우는 모든 분들이 목표를 달성하고, 일본어를 통해 더욱
풍부한 경험과 기회를 만들어 가시기를 바랍니다.
여러분의 성공적인 일본어 학습을 진심으로 응원합니다.
감사합니다.

저자 김현정 드림

목차

순식간에 말문이 트이는 학습법

1 문장 듣고 따라 말하기

일본어예요.	→	に ほん ご にほんごです。

#にほんご 일본어

중국어예요.	→	ちゅう ご く ご ちゅうごくごです。

#ちゅうごくご 중국어

수학이예요.	→	すう がく すうがくです。

#すうがく 수학

미술이예요.	→	び じゅつ びじゅつです。

#びじゅつ 미술

2 문형 이해하기

❶ 우리말의 '~예요'는 일본어로 ~です예요.

❷ 명사 뒤에 です를 붙이면 정중한 말이 돼요.

❸ '~(이)야'처럼 반말로 말할 때는 です 대신에 명사만 말해도 돼요.
　📕 がくせい。학생이야.
　📕 びじゅつ。미술이야.

문장 듣고 따라 말하기

오늘 학습할 문형이 사용된 문장을 듣고 따라 말해 보세요. 특히 한국어를 일본어로 어떻게 말하는지에 집중해서 따라 말해 보세요. 이때 문형이 어떻게 사용되는지는 깊이 생각하지 않아도 괜찮아요.

문형 이해하기

문형이 어떻게 사용되는지 그 의미와 용법을 이해해 보세요. 특히 스스로 일본어로 말할 때 어떻게 문형을 사용해야 하는지에 집중해서 이해해 보세요. 어려운 내용은 집중 강의 QR코드를 통해 쉽게 이해해 보세요.

4 직접 말하기

간호사	이 씨~, 이 씨~. イさん~、イさん~.
나	저예요. わたしです。

わたし 저, 나

　┗ 여기예요. #ここ 여기
　　ここです。

　┗ 이쪽이예요. #こちら 이쪽
　　こちらです。

　┗ 그 남자예요. #かれ 그 남자
　　かれです。

직접 말하기

음원을 들으며 상대방과 직접 대화하듯 스스로 한국어를 일본어로 바꾸어 대답하거나, 질문을 하면서 학습한 문형을 입에 확실하게 붙여 보세요.

3 회화 말하기

[아르바이트 면접을 보는 민희]

점장	イ ソン セン コウ ワ イさん、せんこうは? *は는 우리말의 '~은/는'에 해당하는 주격 조사예요.
민희	に ほん ご にほんごです。

점장	이 씨, 전공은?
민희	일본어예요.

~さん ~씨　　せんこう 전공　　~は ~은/는
にほんご 일본어

회화 말하기

회사와 학교를 배경으로 학습한 문형이 사용된 생생한 대화를 듣고 따라 말해 보세요. 대화에 나오는 다양한 단어들도 함께 익혀 보세요.

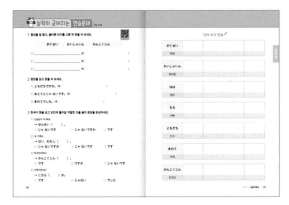

연습문제 및 단어 쓰기 연습

오늘 학습한 내용을 연습문제를 통해 다시 한 번 확인해 보세요.
그리고 일본어 기초 단어들을 쓰면서 익혀 보세요.

부록

연습문제의 정답을 확인할 수 있어요. 그리고 일본어를 처음 공부하는 우리가 꼭 알아야 할 기초 조사, 기초 단어를 수록했어요.

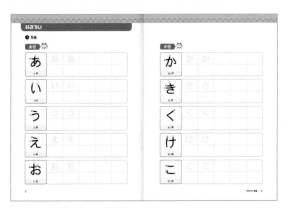

쓰기노트

일본어 문자를 모르거나, 알아도 더욱 확실히 익힐 수 있도록 일본어 문자를 획순에 맞춰 따라 써보면서 익혀 보세요.

알차고 알찬 무료 온라인 부가물

★ MP3 QR코드 및 다운로드
★ 집중 강의 동영상 QR코드
★ 말하기 트레이닝(PDF)
★ 기초 단어 암기장(PDF)
★ 형용사/동사 활용 테스트(PDF)
★ 히라가나/가타카나 암기 동영상

※ 알아두기
· 일본어는 원래 띄어쓰기를 하지 않지만, 학습을 위해 띄어쓰기를 해 놓았어요.
· Day01~Day03에는 일본어 위에 한글로 발음을 달아 두었어요.
· Day01~Day10에는 한자를 사용하지 않았고, Day11부터는 초급자가 꼭 알아야 할 한자를 표기했어요.

DAY 00 일본어 문자와 발음 익히기

일본의 문자를 정리한 표를 〈오십음도〉라고 합니다. 그러나 이름과 달리 글자 수가 46개인데요, 그 이유는 현대 일본어에서 사용하지 않는 글자들을 제외했기 때문입니다.

히라가나 한 눈에 보기

	あ단	い단	う단	え단	お단
あ행	あ a 아	い i 이	う u 우	え e 에	お o 오
か행	か ka 카	き ki 키	く ku 쿠	け ke 케	こ ko 코
さ행	さ sa 사	し shi 시	す su 스	せ se 세	そ so 소
た행	た ta 타	ち chi 치	つ tsu 츠	て te 테	と to 토
な행	な na 나	に ni 니	ぬ nu 누	ね ne 네	の no 노
は행	は ha 하	ひ hi 히	ふ fu 후	へ he 헤	ほ ho 호
ま행	ま ma 마	み mi 미	む mu 무	め me 메	も mo 모
や행	や ya 야		ゆ yu 유		よ yo 요
ら행	ら ra 라	り ri 리	る ru 루	れ re 레	ろ ro 로
わ행	わ wa 와				を wo 오
			ん n 응		

가타카나 한 눈에 보기

	ア단		イ단		ウ단		エ단		オ단	
ア행	ア	a 아	イ	i 이	ウ	u 우	エ	e 에	オ	o 오
カ행	カ	ka 카	キ	ki 키	ク	ku 쿠	ケ	ke 케	コ	ko 코
サ행	サ	sa 사	シ	shi 시	ス	su 스	セ	se 세	ソ	so 소
タ행	タ	ta 타	チ	chi 치	ツ	tsu 츠	テ	te 테	ト	to 토
ナ행	ナ	na 나	ニ	ni 니	ヌ	nu 누	ネ	ne 네	ノ	no 노
ハ행	ハ	ha 하	ヒ	hi 히	フ	fu 후	ヘ	he 헤	ホ	ho 호
マ행	マ	ma 마	ミ	mi 미	ム	mu 무	メ	me 메	モ	mo 모
ヤ행	ヤ	ya 야			ユ	yu 유			ヨ	yo 요
ラ행	ラ	ra 라	リ	ri 리	ル	ru 루	レ	re 레	ロ	ro 로
ワ행	ワ	wa 와							ヲ	wo 오
					ン	n 응				

① 히라가나 청음

전체 듣기
Track00-01

히라가나는 일본어를 이루는 기본 문자로, 동글동글한 모양새가 특징입니다. 헤이안 시대 (9세기경), 궁정 귀족 여성들이 한자를 바탕으로 만든 글자라고 합니다. 히라가나 글자와 발음을 하나씩 익혀 봅시다.

あ행

Track00-02

a 아	i 이	u 우	e 에	o 오
あ	い	う	え	お

か행

Track00-03

ka 카	ki 키	ku 쿠	ke 케	ko 코
か	き	く	け	こ

さ행

Track00-04

sa 사	shi 시	su 스	se 세	so 소
さ	し	す	せ	そ

た행

Track00-05

ta 타	chi 치	tsu 츠	te 테	to 토
た	ち	つ	て	と

な행

Track00-06

na 나	ni 니	nu 누	ne 네	no 노
な	に	ぬ	ね	の

は행

Track00-07

ha 하	hi 히	fu 후	he 헤	ho 호
は	ひ	ふ	へ	ほ

ま행

Track00-08

ma 마	mi 미	mu 무	me 메	mo 모
ま	み	む	め	も

や행

Track00-09

ya 야		yu 유		yo 요
や		ゆ		よ

ら행

Track00-10

ra 라	ri 리	ru 루	re 레	ro 로
ら	り	る	れ	ろ

わ행

ん

Track00-11

wa 와	wo 오		n 응
わ	を		ん

② 가타카나 청음

전체 듣기

Track00-12

가타카나는 히라가나처럼 46개의 글자가 있으며, 외래어, 의성어, 의태어, 또는 강조할 때 사용합니다. 가타카나 글자와 발음을 하나씩 익혀 봅시다.

ア행

Track00-13

a 아	i 이	u 우	e 에	o 오
ア	イ	ウ	エ	オ

カ행

Track00-14

ka 카	ki 키	ku 쿠	ke 케	ko 코
カ	キ	ク	ケ	コ

サ행

Track00-15

sa 사	shi 시	su 스	se 세	so 소
サ	シ	ス	セ	ソ

タ행

Track00-16

ta 타	chi 치	tsu 츠	te 테	to 토
タ	チ	ツ	テ	ト

ナ행

Track00-17

na 나	ni 니	nu 누	ne 네	no 노
ナ	ニ	ヌ	ネ	ノ

ハ행

Track00-18

ha 하	hi 히	fu 후	he 헤	ho 호
ハ	ヒ	フ	ヘ	ホ

マ행

Track00-19

ma 마	mi 미	mu 무	me 메	mo 모
マ	ミ	ム	メ	モ

ヤ행

Track00-20

ya 야		yu 유		yo 요
ヤ		ユ		ヨ

ラ행

Track00-21

ra 라	ri 리	ru 루	re 레	ro 로
ラ	リ	ル	レ	ロ

ワ행 · ン

Track00-22

wa 와	wo 오	n 응
ワ	ヲ	ン

3 탁음·반탁음

(1) 탁음

おはようございます。

위 문장은 "좋은 아침입니다."라는 뜻의 일본의 아침 인사말입니다. 붉게 표시된 글자를 보면 두 개의 점(탁점: ゛)이 붙어 있는데, 이 경우 '탁음'이 됩니다. 탁점은 か행, さ행, た행, は행에만 붙습니다. 탁음의 글자와 발음을 하나씩 익혀 봅시다.

が·ガ행

Track00-23

ga 가	gi 기	gu 구	ge 게	go 고
が	ぎ	ぐ	げ	ご
ガ	ギ	グ	ゲ	ゴ

ざ·ザ행

Track00-24

za 자	ji 지	zu 즈	ze 제	zo 조
ざ	じ	ず	ぜ	ぞ
ザ	ジ	ズ	ゼ	ゾ

だ·ダ행

Track00-25

da 다	ji 지	zu 즈	de 데	do 도
だ	ぢ	づ	で	ど
ダ	ヂ	ヅ	デ	ド

Track00-26

ba 바	bi 비	bu 부	be 베	bo 보
ば	び	ぶ	べ	ぼ
バ	ビ	ブ	ベ	ボ

(2) 반탁음

しんぱい

위 단어는 "걱정"이라는 뜻의 단어입니다. 붉게 표시된 글자를 보면 작은 동그라미(반탁점: ゜)가 붙어 있는데, 이 경우 '반탁음'이 됩니다. 반탁점은 は행에만 붙습니다. 반탁음의 글자와 발음을 하나씩 익혀 봅시다.

ぱ・パ행

Track00-27

pa 파	pi 피	pu 푸	pe 페	po 포
ぱ	ぴ	ぷ	ぺ	ぽ
パ	ピ	プ	ペ	ポ

4 요음

요음은 **い**단 글자(**き·し·ち·に·ひ·み·り**) 뒤에 작게 **ゃ·ゅ·ょ**를 붙여서 표기한 것입니다. 글자는 두 개지만 한 음절로 발음합니다. 요음의 글자와 발음을 하나씩 익혀 봅시다.

きゃ·ぎゃ행

Track00-28

kya 캬	kyu 큐	kyo 쿄	gya 갸	gyu 규	gyo 교
きゃ	きゅ	きょ	ぎゃ	ぎゅ	ぎょ
キャ	キュ	キョ	ギャ	ギュ	ギョ

しゃ·じゃ행

Track00-29

sya 샤	shu 슈	sho 쇼	ja 쟈	ju 쥬	jo 죠
しゃ	しゅ	しょ	じゃ	じゅ	じょ
シャ	シュ	ショ	ジャ	ジュ	ジョ

ちゃ행

Track00-30

cha 챠	chu 츄	cho 쵸
ちゃ	ちゅ	ちょ
チャ	チュ	チョ

にゃ행

Track00-31

nya 냐	nyu 뉴	nyo 뇨
にゃ	にゅ	にょ
ニャ	ニュ	ニョ

ひゃ・びゃ・ぴゃ행

Track00-32

hya 햐	hyu 휴	hyo 효	bya 뱌	byu 뷰	byo 뵤
ひゃ	ひゅ	ひょ	びゃ	びゅ	びょ
ヒャ	ヒュ	ヒョ	ビャ	ビュ	ビョ

pya 퍄	pyu 퓨	pyo 표
ぴゃ	ぴゅ	ぴょ
ピャ	ピュ	ピョ

みゃ행

Track00-33

mya 먀	myu 뮤	myo 묘
みゃ	みゅ	みょ
ミャ	ミュ	ミョ

りゃ행

Track00-34

rya 랴	ryu 류	ryo 료
りゃ	りゅ	りょ
リャ	リュ	リョ

5 촉음

촉음은 つ를 작게 써서 표시한 받침음으로, か·さ·た·ぱ행 앞에 붙고, 한 박자로
발음합니다.

Track00-35

코 ㄱ 까 **こっか**	kokka	국가	か행 앞의 촉음 つ는 'ㄱ'처럼 발음해요.
자 ㅅ 시 **ざっし**	zassi	잡지	さ행 앞의 촉음 つ는 'ㅅ'처럼 발음해요.
키 ㄷ 떼 **きって**	kitte	표	た행 앞의 촉음 つ는 'ㄷ'처럼 발음해요.
이 ㅂ 빠 이 **いっぱい**	ippai	가득	ぱ행 앞의 촉음 つ는 'ㅂ'처럼 발음해요.

6 ん발음

ん은 우리말의 ㄴ, ㅁ, ㅇ 받침 역할과 같습니다. 뒤에 오는 행에 따라서 ㄴ / ㅁ / ㅇ /
ㄴ과 ㅇ의 중간 이 4가지 중 한 가지로 발음이 됩니다.

Track00-36

사 암 뽀 **さんぽ**	sampo	산책	뒤에 **ま, ば, ぱ**행이 오면 'ㅁ'으로 발음해요.
케 엔 리 **けんり**	kenri	권리	뒤에 **さ, ざ, た, だ, な, ら**행이 오면 'ㄴ'으로 발음해요.
리 잉 고 **りんご**	riŋgo	사과	뒤에 **か, が**행이 오면 'ㅇ'으로 발음해요.
니 홍 **にほん**	nihoN	일본	뒤에 **あ, は, や, わ**행이 오거나, **ん**이 맨 끝이면 'ㄴ과 ㅇ의 중간'으로 발음해요.

7 장음

장음은 같은 모음이 이어질 때 두 박자로 발음하는 것을 말합니다.

Track00-37

おかあさん	oka-san	어머니	あ단 뒤에 あ가 오면 장음으로 발음해요.
おにいさん	oni-san	오빠/형	い단 뒤에 い가 오면 장음으로 발음해요.
くうき	ku-ki	공기	う단 뒤에 う가 오면 장음으로 발음해요.
えいが	e-ga	영화	え단 뒤에 え나 い가 오면 장음으로 발음해요.
おとうさん	oto-san	아버지	お단 뒤에 お나 う가 오면 장음으로 발음해요.

일본어예요.
니 홍 고 데 스
にほんごです。

문형 1

~예요.

| 명사 | 데 스
です。 |

이 씨, 전공은?
이 상 셍 꼬 – 와
イさん、せんこうは？

일본어예요.
니 홍 고 데 스
にほんごです。

야마다 씨예요?
야 마 다 상 데 스 까
やまださんですか？

문형 2

~예요?

| 명사 | 데 스 까
ですか。 |

명사는 사람이나 물건에 쓰이는 이름을 나타내는 말이에요. 오늘은 명사의 기본 문형으로 긍정, 질문, 부정, 과거를 말하는 법을 배울 거예요.

문형 3

~가 아니에요.

명사 じゃ ないです。
　　　 쟈　 나 이 데 스

친구예요?
ともだちですか？
토 모 다 찌 데 스 까

친구가 아니에요.
ともだちじゃ ないです。
토 모 다 찌 쟈　나 이 데 스

오늘, 생일이 아니에요?
きょう、たんじょうびじゃ ないですか？
쿄ー　탄　 죠ー비 쟈　나 이 데 스 까

어제였어요.
きのうでした。
키 노ー 데 시 따

문형 4

~였어요.

명사 でした。
　　　 데 시 따

1 문장 듣고 따라 말하기

Track01-01

일본어예요.	➡ 니홍고데스 にほんごです。

#にほんご 일본어

중국어예요.	➡ 츄-고꾸고데스 ちゅうごくごです。

#ちゅうごくご 중국어

수학이에요.	➡ 스-가꾸데스 すうがくです。

#すうがく 수학

미술이에요.	➡ 비쥬쯔데스 びじゅつです。

#びじゅつ 미술

2 문형 이해하기

❶ 우리말의 '～예요'는 일본어로 ～です데스요.

❷ 명사 뒤에 です데스를 붙이면 정중한 말이 돼요.

❸ '～(이)야'처럼 반말로 말할 때는 です데스 대신에 명사만 말해도 돼요.

예 がくせい각세-。 학생이야.

예 びじゅつ비쥬쯔。 미술이야.

3 회화 말하기

[아르바이트 면접을 보는 민희]

점장 <ruby>イ<rt>이</rt></ruby><ruby>さん<rt>상</rt></ruby>、<ruby>せんこう<rt>셍 꼬ー</rt></ruby><ruby>は<rt>와</rt></ruby>?
*は는 우리말의 '~은/는'에 해당하는 주격 조사예요.

민희 <ruby>にほんご<rt>니 홍 고</rt></ruby><ruby>です<rt>데 스</rt></ruby>。

점장 이 씨, 전공은?
민희 일본어예요.

~さん ~씨   せんこう 전공   ~は ~은/는
にほんご 일본어

4 직접 말하기

간호사 이 씨~, 이 씨~.
<ruby>イ<rt>이</rt></ruby><ruby>さん~<rt>상</rt></ruby>、<ruby>イ<rt>이</rt></ruby><ruby>さん~<rt>상</rt></ruby>。

나 저예요.
<ruby>わたし<rt>와 따 시</rt></ruby><ruby>です<rt>데 스</rt></ruby>。

わたし 저, 나

⤷ 여기예요. #ここ 여기
<ruby>ここ<rt>코 꼬</rt></ruby><ruby>です<rt>데 스</rt></ruby>。

⤷ 이쪽이에요. #こちら 이쪽
<ruby>こちら<rt>코 찌 라</rt></ruby><ruby>です<rt>데 스</rt></ruby>。

⤷ 그 남자예요. #かれ 그 남자
<ruby>かれ<rt>카 레</rt></ruby><ruby>です<rt>데 스</rt></ruby>。

1 문장 듣고 따라 말하기

Track01~04

| 야마다 씨예요? | ➡️ | ^{야 마 다 상 데 스 까}
やまださんですか。 |

#やまださん 야마다 씨

| 한국인이에요? | ➡️ | ^{캉 꼬꾸 징 데 스 까}
かんこくじんですか。 |

#かんこくじん 한국인

| 학생이에요? | ➡️ | ^{각 세 - 데 스 까}
がくせいですか。 |

#がくせい 학생

| 회사원이에요? | ➡️ | ^{카 이 샤 잉 데 스 까}
かいしゃいんですか。 |

#かいしゃいん 회사원

2 문형 이해하기

① 우리말의 '~예요?'라고 묻는 표현은 일본어로 ～ですか예요.

② 명사 뒤에 ですか를 붙이면 정중하게 묻는 말이 돼요. 일본어에서는 물어볼 때 말끝에 물음표를 붙이지 않아도 돼요.

③ '~(이)야?'처럼 반말로 물어볼 때는 ですか 대신 명사만 말하고 말끝을 올리면 돼요.

예 がくせい↗。학생이야?

예 コーヒー↗。커피야?

3 회화 말하기

Track01-05

[라멘집에서 웨이팅하는 야마다]

점원 **やまださんですか？**
야 마 다 상 데 스 까

야마다 **はい、そうです。**
하 이　소 - 데 스

점원　야마다 씨예요?
야마다　네, 그렇습니다.

~さん ~씨　　はい 네(긍정)　　そうです 그렇습니다

4 직접 말하기

Track01-06

나　여동생이에요?
いもうとですか？
이 모 - 또 데 스 까

　　엄마예요?　#はは 엄마
　　ははですか？
　　하 하 데 스 까

　　아빠예요?　#ちち 아빠
　　ちちですか？
　　치 찌 데 스 까

　　남동생이에요?　#おとうと 남동생
　　おとうとですか？
　　오 또 - 또 데 스 까

이웃　네, 그렇습니다.
はい、そうです。
하 이　소 - 데 스

いもうと 여동생　はい 네(긍정)　そうです 그렇습니다

Track01-07

1 문장 듣고 따라 말하기

| 친구가 아니에요. | ⇨ | ^{토 모 다 찌} ^쟈 ^{나 이 데 스}
ともだちじゃ ないです。 |

#ともだち 친구

| 동료가 아니에요. | ⇨ | ^{도 ─ 료 ─} ^쟈 ^{나 이 데 스}
どうりょうじゃ ないです。 |

#どうりょう 동료

| 선배가 아니에요. | ⇨ | ^{셈 빠 이} ^쟈 ^{나 이 데 스}
せんぱいじゃ ないです。 |

#せんぱい 선배

| 후배가 아니에요. | ⇨ | ^{코 ─ 하 이} ^쟈 ^{나 이 데 스}
こうはいじゃ ないです。 |

#こうはい 후배

2 문형 이해하기

❶ 우리말의 '~가 아니에요'는 일본어로 ～じゃ ないです예요.

❷ 명사 뒤에 じゃ ないです를 붙이면 정중한 부정의 말이 돼요.

❸ '~가 아니야'처럼 반말로 말할 때는 じゃ ないです 대신에 じゃ ない만 붙이면 돼요.

　예 がくせいじゃ ない。학생이 아니야.

　예 せんぱいじゃ ない。선배가 아니야.

❹ 일본어는 한자가 띄어쓰기의 기능을 대신하기 때문에 원래 띄어쓰기가 없어요. 기초인 이번 교재에서는 공부의 효율을 위해 띄어쓰기를 적용했어요.

3 회화 말하기

Track01-08

[길에서 마주친 야마다와 민희]

야마다
<ruby>と<rt>토</rt>も<rt>모</rt>だ<rt>다</rt>ち<rt>찌</rt>で<rt>데</rt>す<rt>스</rt>か<rt>까</rt></ruby>
ともだちですか？

민희
ともだちじゃ ないです。 おとうとです。

야마다   친구예요?

민희   친구가 아니에요. 남동생이에요.

ともだち 친구   おとうと 남동생

4 직접 말하기

Track01-09

> **진행자**   학생이에요?
> がくせいですか？

> **나**   아니요, 학생이 아니에요.
> いいえ、がくせいじゃないです。

がくせい 학생   いいえ 아니요(부정)

↳ 선생님이에요?
せんせいですか？

아니요, 선생님이 아니에요.   #せんせい 선생님
いいえ、せんせいじゃ ないです。

↳ 간호사예요?
かんごしですか？

아니요, 간호사가 아니에요.   #かんごし 간호사
いいえ、かんごしじゃ ないです。

↳ 의사예요?
いしゃですか？

아니요, 의사가 아니에요.   #いしゃ 의사
いいえ、いしゃじゃ ないです。

말하는 문형 연습 4

1 문장 듣고 따라 말하기

Track01~10

| 어제였어요. | ⇨ | 키 노 - 데 시 따
きのうでした。 |

#きのう 어제

| 지난주였어요. | ⇨ | 센 슈 - 데 시 따
せんしゅうでした。 |

#せんしゅう 지난주

| 지난달이었어요. | ⇨ | 셍 게 쯔 데 시 따
せんげつでした。 |

#せんげつ 지난달

| 작년이었어요. | ⇨ | 사 꾸 넨 데 시 따
さくねんでした。 |

#さくねん 작년

2 문형 이해하기

❶ 우리말의 '~였어요'는 일본어로 ~でした^{데 시 따}예요.

❷ 명사 뒤에 でした^{데 시 따}를 붙이면 '~였어요'라는 과거의 정중한 말이 돼요.

❸ '~였어요?'처럼 과거 시제로 물어볼 때는 でした^{데 시 따} 뒤에 か^까를 붙이면 돼요.

　예 코 - 히 - 데 시 따 까
　コーヒーでしたか。 커피였어요?

　예 각 세 - 데 시 따 까
　がくせいでしたか。 학생이었어요?

28

3 회화 말하기

[민희에게 생일 선물을 주려던 야마다]

야마다 <ruby>きょう<rt>쿄-</rt></ruby>、<ruby>たんじょうび<rt>탄죠-비</rt></ruby><ruby>じゃ<rt>쟈</rt></ruby> <ruby>ないですか<rt>나이데스까</rt></ruby>？

민희 <ruby>はい<rt>하이</rt></ruby>、<ruby>きょう<rt>쿄-</rt></ruby><ruby>じゃ<rt>쟈</rt></ruby> <ruby>ないです<rt>나이데스</rt></ruby>。
<ruby>きのうでした<rt>키노-데시따</rt></ruby>。

야마다 오늘, 생일이 아니에요?
민희 네, 오늘이 아니에요. 어제였어요.

きょう 오늘   **たんじょうび** 생일
はい 네(긍정)   **きのう** 어제

4 직접 말하기

직원 안녕하세요. 어서오세요.
<ruby>こんにちは<rt>콘니찌와</rt></ruby>。<ruby>ようこそ<rt>요-꼬소</rt></ruby>。

나 오랜만이네요. 회의장은 이쪽이었나요?
<ruby>ひさしぶりですね<rt>히사시부리데스네</rt></ruby>。<ruby>かいじょうは<rt>카이죠-와</rt></ruby> <ruby>こちらでしたか<rt>코찌라데시따까</rt></ruby>？

こんにちは 안녕하세요 **ようこそ** 어서오세요 **ひさしぶり** 오랜만 **かいじょう** 회의장 **〜は** ~은/는 **こちら** 이쪽

↳ 오랜만이네요. 회의장은 여기였나요?   #ここ 여기
<ruby>ひさしぶりですね<rt>히사시부리데스네</rt></ruby>。<ruby>かいじょうは<rt>카이죠-와</rt></ruby> <ruby>ここでしたか<rt>코꼬데시따까</rt></ruby>？

↳ 오랜만이네요. 회의장은 그쪽이었나요?   #そちら 그쪽
<ruby>ひさしぶりですね<rt>히사시부리데스네</rt></ruby>。<ruby>かいじょうは<rt>카이죠-와</rt></ruby> <ruby>そちらでしたか<rt>소찌라데시따까</rt></ruby>？

↳ 오랜만이네요. 회의장은 저쪽이었나요?   #あちら 저쪽
<ruby>ひさしぶりですね<rt>히사시부리데스네</rt></ruby>。<ruby>かいじょうは<rt>카이죠-와</rt></ruby> <ruby>あちらでしたか<rt>아찌라데시따까</rt></ruby>？

1 음성을 잘 듣고, 올바른 단어를 고른 뒤 뜻을 써 보세요.

がくせい　　かいしゃいん　　かんこくじん

1) _____ (뜻 :　　　　　　　　　　　　　　　)

2) _____ (뜻 :　　　　　　　　　　　　　　　)

3) _____ (뜻 :　　　　　　　　　　　　　　　)

2 문장을 읽고 뜻을 써 보세요.

1) ともだちですか。(뜻 :　　　　　　　　　　　)

2) おとうとじゃ ないです。(뜻 :　　　　　　　　　　　)

3) きのうでした。(뜻 :　　　　　　　　　　　)

3 한국어 뜻을 보고 빈칸에 들어갈 적절한 것을 골라 문장을 완성하세요.

1) 선생님이 아니에요.

　　→ せんせい （　　　）。

　　① じゃ ないです　　　　② じゃ ないですか　　　③ です

2) 네, 저예요.

　　→ はい、わたし （　　　）。

　　① じゃ ないですか　　　② じゃ ないです　　　③ です

3) 한국인이에요?

　　→ かんこくじん （　　　）。

　　① です　　　　② ですか　　　③ じゃ ないです

4) 이쪽이었어요?

　　→ こちら （　　　）か。

　　① です　　　　② じゃない　　　③ でした

단어 쓰기 연습 ✏️

がくせい				
학생				

かいしゃいん				
회사원				

はは				
엄마				

ちち				
아빠				

ともだち				
친구				

きのう				
어제				

かんこくじん				
한국인				

맛있어요!
오 이 시 - 데 스
おいしいです!

문형 1

~요.

| 형용사 원형 | 데 스 です。 |

부침개? 어때?
치 지 미   도 -
チジミ？どう？

맛있어요!
오 이 시 - 데 스
おいしいです！

문형 2

~요?

| 형용사 원형 | 데 스 까 ですか？ |

맛있어요?
오 이 시 - 데 스 까
おいしいですか？

형용사는 사물과 사람 등의 상태, 성질, 감정 등을 나타내는 말이에요. 형용사는 활용을 하는데 형용사의 원래 모습을 '원형', 활용할 때 변하지 않는 부분을 '어간', 변하는 부분인 꼬리를 '어미'라고 해요. い형용사는 어미(꼬리)가 い인 형용사를 말해요. 오늘은 い형용사의 기본 문형으로 긍정, 질문, 부정, 과거를 말하는 법을 배워 볼게요.

문형
3

~지 않아요.

형용사 어간 <ruby>く<rt>꾸</rt></ruby> <ruby>ない<rt>나이</rt></ruby><ruby>です<rt>데스</rt></ruby>。

내일도 더워요?
<ruby>あした<rt>아시따</rt></ruby>も <ruby>あつい<rt>아쯔이</rt></ruby><ruby>ですか<rt>데스 까</rt></ruby>?

내일은 덥지 않아요.
<ruby>あした<rt>아시따</rt></ruby>は <ruby>あつく<rt>아쯔꾸</rt></ruby> <ruby>ない<rt>나이</rt></ruby><ruby>です<rt>데스</rt></ruby>。

서울, 어땠어요?
<ruby>ソウル<rt>소우루</rt></ruby>、<ruby>どう<rt>도-</rt></ruby><ruby>でしたか<rt>데시따 까</rt></ruby>?

즐거웠어요.
<ruby>たのし<rt>타노시</rt></ruby><ruby>かった<rt>깓 따</rt></ruby><ruby>です<rt>데스</rt></ruby>。

문형
4

~었/았어요.

형용사 어간 <ruby>かった<rt>깓 따</rt></ruby><ruby>です<rt>데스</rt></ruby>。

말하는 문형 연습 1

1 문장 듣고 따라 말하기

Track02-01

맛있어요.	⇨	오 이 시 - 데 스 **おいしいです。**

#おいしい 맛있다

달아요.	⇨	아 마 이 데 스 **あまいです。**

#あまい 달다

싱거워요.	⇨	우 스 이 데 스 **うすいです。**

#うすい 싱겁다

매워요.	⇨	카 라 이 데 스 **からいです。**

#からい 맵다

2 문형 이해하기

❶ 형용사는 사물 또는 사람의 상태를 표현하는 말이에요. 어미(꼬리)가 い로 끝나는 형용사를 'い형용사'라고 해요.

❷ い형용사 원형 뒤에 です를 붙이면 '~요'라는 뜻의 정중한 표현이 돼요.

❸ 어미(꼬리)에 아무것도 붙이지 않으면(원형) 반말이 돼요.

예 오 이 시 -
おいしい。 맛있어.

예 사 무 이
さむい。 추워.

3 회화 말하기

Track02-02

[한식을 먹고 있는 다나카와 민수]

다나카 **それ、チヂミ？どう？**
소 레　치지미　도-

민수 **おいしいです！**
오 이 시 - 데 스

다나카 그거, 부침개? 어때?
민수 맛있어요!

それ 그것　　**チヂミ** 부침개　　**どう** 어때?

おいしい 맛있다

4 직접 말하기

Track02-03

동료 한국 요리는 어때?
かんこくりょうりは どう？
캉 꼬꾸료 - 리와 도 -

나 (맛이) 진해요.
こいです。
코 이 데 스

かんこくりょうり 한국 요리　**〜は** ~은/는　**どう** 어때?　**こい** (맛이) 진하다

　┗ 셔요. #すっぱい 시다
　　すっぱいです。
　　습 빠 이 데 스

　┗ 짜요. #しょっぱい 짜다
　　しょっぱいです。
　　숍 빠 이 데 스

　┗ 써요. #にがい 쓰다
　　にがいです。
　　니 가 이 데 스

말하는 문형 연습 2

1 문장 듣고 따라 말하기

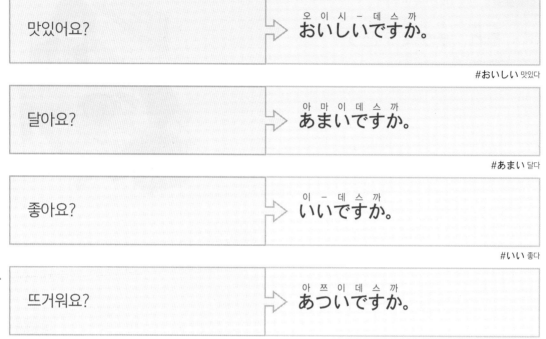

| 맛있어요? | ⇨ | ^{오 이 시 - 데 스 까}
おいしいですか。 |

#おいしい 맛있다

| 달아요? | ⇨ | ^{아 마 이 데 스 까}
あまいですか。 |

#あまい 달다

| 좋아요? | ⇨ | ^{이 - 데 스 까}
いいですか。 |

#いい 좋다

| 뜨거워요? | ⇨ | ^{아 쯔 이 데 스 까}
あついですか。 |

#あつい 뜨겁다

2 문형 이해하기

❶ い형용사 원형 뒤에 ですか를 붙이면 '~요?' 라는 뜻의 정중하게 묻는 말이 돼요.

❷ 반말로 물어볼 때는 어미(꼬리)에 아무것도 붙이지 않고 원형 그대로 끝을 올려서 말하면 돼요. 뒤에 물음표(?)는 붙이지 않아도 돼요.

예 おいしい↗。 맛있어?

예 からい↗。 매워?

3 회화 말하기

Track02-05

[라멘을 먹고 있는 민수와 스즈키]

민수 <ruby>たこやきラーメン<rt>타꼬야끼라ー멩</rt></ruby>、<ruby>おいしいですか<rt>오이시ー데스까</rt></ruby>？

스즈키 <ruby>まあまあ<rt>마아마아</rt></ruby>。

―――――――――――――――――――――――――――――

민수 타코야키 라멘, 맛있어요?

스즈키 그럭저럭이에요.

たこやき 타코야키(문어빵)　　**ラーメン** 라멘

おいしい 맛있다　　**まあまあ** 그럭저럭

4 직접 말하기

Track02-06

나 이거, 매워요?
<ruby>これ<rt>코레</rt></ruby>、<ruby>からいですか<rt>카라이데스까</rt></ruby>？

┗ 이거, 짭쪼름해요?　#しおからい 짭쪼름하다
<ruby>これ<rt>코레</rt></ruby>、<ruby>しおからいですか<rt>시오카라이데스까</rt></ruby>？

┗ 이거, 짜요?　#しょっぱい 짜다
<ruby>これ<rt>코레</rt></ruby>、<ruby>しょっぱいですか<rt>숍빠이데스까</rt></ruby>？

┗ 이거, 셔요?　#すっぱい 시다
<ruby>これ<rt>코레</rt></ruby>、<ruby>すっぱいですか<rt>숩빠이데스까</rt></ruby>？

점원 네, 그렇습니다.
<ruby>はい<rt>하이</rt></ruby>、<ruby>そうです<rt>소ー데스</rt></ruby>。

これ 이것　**からい** 맵다　**はい** 네(긍정)　**そうです** 그렇습니다

1 문장 듣고 따라 말하기

Track02-07

덥지 않아요.	⇨ ^{아 쯔 꾸 나 이 데 스} あつく ないです。

#あつい 덥다

따뜻하지 않아요.	⇨ ^{아 따 따 까 꾸 나 이 데 스} あたたかく ないです。

#あたたかい 따뜻하다

시원하지 않아요.	⇨ ^{스 즈 시 꾸 나 이 데 스} すずしく ないです。

#すずしい 시원하다

나쁘지 않아요.	⇨ ^{와 루 꾸 나 이 데 스} わるく ないです。

#わるい 나쁘다

2 문형 이해하기

집중 강의 보기

❶ 이형용사의 어미(꼬리) 이를 떼고 ^{꾸 나 이 데 스}く ないです를 붙이면 '~하지 않아요'라는 뜻의 정중한 부정의 말이 돼요.

➕ '좋다'라는 뜻의 형용사 ^{이 -}いい에 ^{꾸 나 이 데 스}く ないです를 붙일 때는 ^{요 꾸 나 이 데 스}よく ないです가 돼요.

예 ^{이 -}いい(좋아) → ^{요 꾸 나 이 데 스}よく ないです(좋지 않아요)

❷ '~하지 않아'처럼 반말은 어미(꼬리) ^이い를 떼고 ^{꾸 나 이}く ない만 붙이면 돼요.

예 ^{오 이 시 꾸 나 이}おいしく ない. 맛있지 않아.

예 ^{아 마 꾸 나 이}あまく ない. 달지 않아.

3 회화 말하기

Track02-08

[외근 중인 스즈키와 민수]

민수
　　아 시 따 모　 아 쯔 이 데 스 까
あしたも あついですか？
*も는 우리말의 '~도'에 해당하는 조사예요.

스즈키
　　아 시 따 와　 아 쯔 꾸　 나 이 데 스
あしたは あつく ないです。

민수　　내일도 더워요?
스즈키　내일은 덥지 않아요.

あした 내일　　**～も** ~도　　　**あつい** 덥다
～は ~은/는

4 직접 말하기

Track02-09

선생님
　　오늘, 날씨는 어때요?
　　쿄 －　　 텡 끼 와 도 － 데 스 까
きょう、てんきは どうですか？

나
　　춥지 않아요.
　　사 무 꾸　나 이 데 스
さむく ないです。

きょう 오늘　**てんき** 날씨　**～は** ~은/는　**どうですか** 어때요?　**さむい** 춥다

┗ 무덥지 않아요.　#むしあつい 무덥다
　　무 시 아 쯔 꾸　 나 이 데 스
　　むしあつく ないです。

┗ 나쁘지 않아요.　#わるい 나쁘다
　　와 루 꾸　 나 이 데 스
　　わるく ないです。

┗ 좋지 않아요.　#いい 좋다
　　요 꾸　 나 이 데 스
　　よく ないです。

1 문장 듣고 따라 말하기

Track02-10

즐거웠어요.	⇨	^{타 노 시 깟 따 데 스} たのしかったです。

#たのしい 즐겁다

넓었어요.	⇨	^{히 로 깟 따 데 스} ひろかったです。

#ひろい 넓다

좁았어요.	⇨	^{세 마 깟 따 데 스} せまかったです。

#せまい 좁다

바빴어요.	⇨	^{이 소 가 시 깟 따 데 스} いそがしかったです。

#いそがしい 바쁘다

2 문형 이해하기

집중 강의 보기

❶ い형용사의 어미(꼬리) い를 떼고 그 자리에 かったです를 붙이면 '~었/았어요'라는 뜻의
과거 시제의 정중한 말이 돼요.

➕ '좋다'라는 뜻의 형용사 いい에 かったです를 붙일 때는 よかったです가 돼요.

예 いい(좋아) → よかったです(좋았어요)

❷ '~하지 않았어요'처럼 과거 부정으로 말할 때는 어미(꼬리) い를 떼고 く なかったです를
붙이면 돼요.

예 おいしく なかったです。 맛있지 않았어요.

예 よく なかったです。 좋지 않았어요.

❸ '~었/았어'처럼 반말로 말할 때는 어미(꼬리) い를 떼고 かった만 붙이면 돼요.

예 おいしかった。 맛있었어.

예 よかった。 좋았어.

40

3 회화 말하기

Track02-11

[휴가로 한국 여행을 다녀 온 다나카]

민수　　ソウル、どうでしたか？
　　　　소 우 루　　도 - 데 시 따 까

다나카　とても たのしかったです。
　　　　토 떼 모　타 노 시　깓　따 데 스

민수　　서울, 어땠어요?
다나카　매우 즐거웠어요.

ソウル 서울　　どうでしたか 어땠어요?
とても 매우　　たのしい 즐겁다

4 직접 말하기

Track02-12

직원　　파티는 어땠어요?
　　　　パーティーは どうでしたか？
　　　　파 - 티 - 와　도 - 데 시 따 까

나　　　매우 재미있었어요.
　　　　とても おもしろかったです。
　　　　토 떼 모　오 모 시 로　깓　따 데 스

パーティー 파티　〜は ~은/는　どうでしたか 어땠어요?　とても 매우　おもしろい 재미있다

⤷ 매우 즐거웠어요.　#たのしい 즐겁다
　　とても たのしかったです。
　　토 떼 모　타 노 시　깓　따 데 스

⤷ 매우 좋았어요.　#いい 좋다
　　とても よかったです。
　　토 떼 모　요　깓　따 데 스

⤷ 매우 나빴어요.　#わるい 나쁘다
　　とても わるかったです。
　　토 떼 모　와 루　깓　따 데 스

Track02-13

1 음성을 잘 듣고, 올바른 단어를 고른 뒤 뜻을 써 보세요.

さむい　　おいしい　　たのしい

1) _____ (뜻 :　　　　　　　　　　　　　　　　　)

2) _____ (뜻 :　　　　　　　　　　　　　　　　　)

3) _____ (뜻 :　　　　　　　　　　　　　　　　　)

2 문장을 읽고 뜻을 써 보세요.

1) きょうは あつく ないです。(뜻 :　　　　　　　　　　　　　)

2) とても おいしかった。(뜻 :　　　　　　　　　　)

3) あまかった。(뜻 :　　　　　　　　　　)

3 한국어 뜻을 보고 빈칸에 들어갈 적절한 것을 골라 문장을 완성하세요.

1) 매우 달아요.

→ とても あま（　　　）。

① じゃ ないです　　　② いです　　　③ かったです

2) 맛있었다.

→ おいし（　　　）。

① かったです　　　② じゃ ない　　　③ かった

3) 나쁘지 않아요.

→ わる（　　　）。

① です　　　② く ないです　　　③ じゃ ないです

4) 더웠어요?

→ あつ（　　　）。

① く ない　　　② く ないですか　　　③ かったですか

단어 쓰기 연습 ✎

からい				
맵다				

あまい				
달다				

しょっぱい				
짜다				

あつい				
덥다				

いい				
좋다				

わるい				
나쁘다				

とても				
매우				

DAY 03

친절해요!
신세쯔데스
しんせつです!

문형 1

~해요.

な형용사 어간 데스
です。

야마다는 어때요?
야마다 와 도-데스 까
やまだは どうですか？

친철해요!
신 세 쯔 데 스
しんせつです！

문형 2

~해요?

な형용사 어간 데 스 까
ですか。

테니스, 좋아해요?
테니스 스끼데스까
テニス、すきですか？

な형용사는 명사를 꾸밀 때 어미(꼬리)가 **な**가 되는 형용사를 말해요. 형용사는 활용을 하는데 형용사의 원래 모습을 '원형', 활용할 때 변하지 않는 부분을 '어간', 변하는 부분인 꼬리를 '어미'라고 해요. **な**형용사의 원형은 어미(꼬리)가 모두 だ로 끝나요. 오늘은 **な**형용사의 기본 문형으로 긍정, 질문, 부정, 과거를 말하는 법을 배워 볼게요.

문형 **3**

~하지 않아요.

| な형용사 어간 | じゃ ないです。 |

냐 나 이 데 스

싫어해요?
키 라 이 데 스 까
きらいですか？

싫어하지 않아요.
키 라 이 쟈 나 이 데 스
きらいじゃ ないです。

시험은 어땠어요?
시 껭 와 도 - 데 시 따 까
しけんは どうでしたか？

문형 **4**

~했/었어요.

| な형용사 어간 | だったです。 |

닫 따 데 스

간단했어요!
칸 딴 닫 따 데 스
かんたんだったです！

말하는 문형 연습 1

1 문장 듣고 따라 말하기

Track03-01

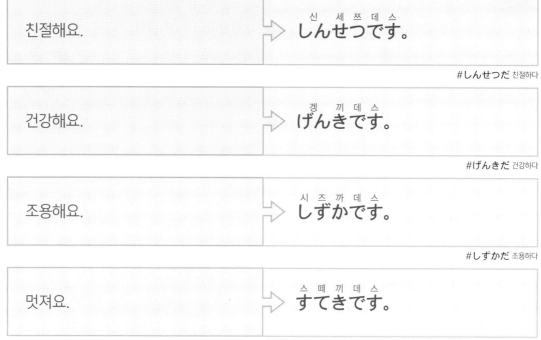

친절해요.	⇨ 신 세 쯔 데 스 しんせつです。

#しんせつだ 친절하다

건강해요.	⇨ 겡 끼 데 스 げんきです。

#げんきだ 건강하다

조용해요.	⇨ 시 즈 까 데 스 しずかです。

#しずかだ 조용하다

멋져요.	⇨ 스 떼 끼 데 스 すてきです。

#すてきだ 멋지다

2 문형 이해하기

❶ 명사를 꾸밀 때 어미(꼬리)가 な가 되는 형용사를 'な형용사'라고 해요. な형용사는 어미(꼬리)가 모두 だ로 끝나요.

❷ な형용사의 어미(꼬리) だ를 떼고 です를 붙이면 '～해요'라는 뜻의 정중한 말이 돼요.

❸ '～해'처럼 반말로 말할 때는 어미(꼬리)에 아무것도 붙이지 않고(원형) 말하면 돼요.

예 신 세 쯔 다
しんせつだ。 친절해.

예 키 레 이 다
きれいだ。 예뻐.

3 회화 말하기

[야마다에 대해 얘기하는 카오리와 민희]

카오리 <ruby>やまだ<rt>야 마 다</rt></ruby>は <ruby>どう<rt>도 –</rt></ruby>ですか？
야 마 다 와 도 – 데 스 까

민희 <ruby>とても<rt>토 떼 모</rt></ruby> <ruby>しんせつ<rt>신 세 쯔</rt></ruby>です！
토 떼 모 신 세 쯔 데 스

DAY 03

카오리   야마다는 어때요?

민희   매우 친철해요!

~は ~은/는   どうですか 어때요?   とても 매우

しんせつだ 친절하다

4 직접 말하기

아빠   남자 친구는 어때?
      かれしは どう？
      카 레 시 와 도 –

나   매우 성실해요.
     とても まじめです。
     토 떼 모 마 지 메 데 스

かれし 남자 친구 ~は ~은/는 どう 어때? とても 매우 まじめだ 성실하다

↳ 매우 활발해요. #かっぱつだ 활발하다
  とても かっぱつです。
  토 떼 모 캅 빠 쯔 데 스

↳ 매우 적극적이에요. #せっきょくてきだ 적극적이다
  とても せっきょくてきです。
  토 떼 모 섹 교 꾸 떼 끼 데 스

↳ 매우 소극적이에요. #しょうきょくてきだ 소극적이다
  とても しょうきょくてきです。
  토 떼 모 쇼 – 교 꾸 떼 끼 데 스

1 문장 듣고 따라 말하기

Track03-04

좋아해요?	^{스 끼 데 스 까} **すきですか。**

#すきだ 좋아하다

싫어해요?	^{키 라 이 데 스 까} **きらいですか。**

#きらいだ 싫어하다

간단해요?	^{칸 딴 데 스 까} **かんたんですか。**

#かんたんだ 간단하다

괜찮아요?	^{다 이 죠 ― 부 데 스 까} **だいじょうぶですか。**

#だいじょうぶだ 괜찮다

2 문형 이해하기

❶ な형용사의 어미(꼬리) だ를 떼고 ですか를 붙이면 '~해요?'라는 뜻의 정중하게 묻는 말이 돼요. 뒤에 물음표(?)는 붙이지 않아도 돼요.

❷ '~해?'처럼 반말로 물어볼 때는 어미(꼬리) だ를 떼고 끝을 올려서 말하면 돼요.

예 ^{스 끼} **すき↗。** 좋아해?

예 ^{신 세 쯔} **しんせつ↗。** 친절해?

3 회화 말하기

Track03-05

[테니스장을 지나가던 민희와 카오리]

민희 テニス、すきですか？
      테 니 스 스 끼 데 스 까

카오리 はい、すきです！
       하 이 스 끼 데 스

민희 테니스, 좋아해요?

카오리 네, 좋아해요!

テニス 테니스 すきだ 좋아하다 はい 네(긍정)

4 직접 말하기

Track03-06

나 서울은 복잡해요?
    ソウルは ふくざつですか？
    소 우 루 와 후 꾸 자 쯔 데 스 까

↳ 서울은 불편해요? #ふべんだ 불편하다
  ソウルは ふべんですか？
  소 우 루 와 후 벤 데 스 까

↳ 서울은 편리해요? #べんりだ 편리하다
  ソウルは べんりですか？
  소 우 루 와 벤 리 데 스 까

↳ 서울은 번화해요? #にぎやかだ 번화하다
  ソウルは にぎやかですか？
  소 우 루 와 니 기 야 까 데 스 까

유학생 네, 그렇습니다.
       はい、そうです。
       하 이 소 - 데 스

ソウル 서울 〜は ~은/는 ふくざつだ 복잡하다 はい 네(긍정) そうです 그렇습니다

1 문장 듣고 따라 말하기

Track03-07

싫어하지 않아요.	➡	키 라 이 쟈 나 이 데 스 **きらいじゃ ないです。**

#きらいだ 싫어하다

좋아하지 않아요.	➡	스 끼 쟈 나 이 데 스 **すきじゃ ないです**

#すきだ 좋아하다

능숙하지 않아요.	➡	죠 - 즈 쟈 나 이 데 스 **じょうずじゃ ないです。**

#じょうずだ 능숙하다

잘하지 않아요.	➡	토 꾸 이 쟈 나 이 데 스 **とくいじゃ ないです。**

#とくいだ 잘하다, 자신있다

2 문형 이해하기

집중 강의 보기

❶ な형용사의 어미(꼬리) 다 だ를 떼고 쟈 나 이 데 스 じゃ ないです를 붙이면 '~하지 않아요'라는 뜻의 정중한 부정의 말이 돼요.

➕ 쟈 나 이 데 스 じゃ ないです는 회화체로 많이 사용이 되고, 글로 쓸 때는 데 와 아 리 마 셍 では ありません도 많이 사용 돼요.

❷ '~하지 않아'처럼 반말로 말할 때는 어미(꼬리) 다 だ를 떼고 쟈 나 이 じゃ ない만 붙이면 돼요.

예 키 라 이 쟈 나 이 きらいじゃ ない。싫어하지 않아.

예 키 레 이 쟈 나 이 きれいじゃ ない。예쁘지 않아.

3 회화 말하기

[영화관 데이트 중인 민희]

남자 친구 コワイ エ イ エ ー ガ 도ー데스까
こわい えいが、どうですか？

키라이데스까
きらいですか？

민희 이 이 에 키라이 쟈 나 이 데 스
いいえ、きらいじゃ ないです。

남자 친구 무서운 영화, 어때요? 싫어해요?

민희 아니요, 싫어하지 않아요.

こわい 무섭다　　えいが 영화　　どうですか 어때요?

きらいだ 싫어하다　　いいえ 아니요(부정)

4 직접 말하기

동료 이 연예인는 어때요?

코 노 게ー노ー 징 와 도ー데스까
この げいのうじんは どうですか？

나 그다지 유명하지 않아요.

아 마 리 유ー메ー 쟈 나 이 데 스
あまり ゆうめいじゃ ないです。

この 이　げいのうじん 연예인　どうですか 어때요?　あまり 그다지　ゆうめいだ 유명하다

↳ 그다지 멋지지 않아요. #すてきだ 멋지다

아 마 리 스 떼 끼 쟈 나 이 데 스
あまり すてきじゃ ないです。

↳ 그다지 훌륭하지 않아요. #りっぱだ 훌륭하다

아 마 리 립 빠 쟈 나 이 데 스
あまり りっぱじゃ ないです。

↳ 그다지 친절하지 않아요. #しんせつだ 친절하다

아 마 리 신 세 쯔 쟈 나 이 데 스
あまり しんせつじゃ ないです。

1 문장 듣고 따라 말하기

Track03-10

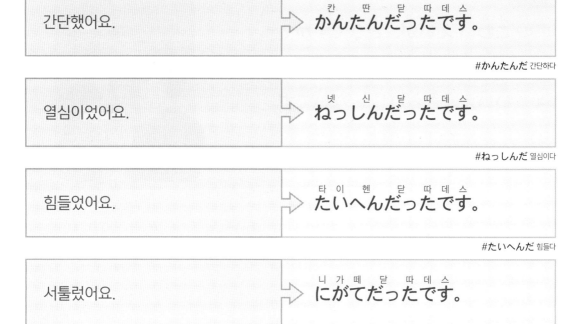

간단했어요. ⇒ ^칸^딴^닫^{따데스}
かんたんだったです。

#かんたんだ 간단하다

열심이었어요. ⇒ ^넷^신^닫^{따데스}
ねっしんだったです。

#ねっしんだ 열심이다

힘들었어요. ⇒ ^타^이^헨^닫^{따데스}
たいへんだったです。

#たいへんだ 힘들다

서툴렀어요. ⇒ ^니^가^떼^닫^{따데스}
にがてだったです。

#にがてだ 서툴다

2 문형 이해하기

집중 강의 보기

❶ な형용사의 어미(꼬리) だ를 떼고 だったです를 붙이면 '~했/었어요'라는 뜻의 과거 시제의 정중한 말이 돼요.

❷ '~하지 않았어요'처럼 과거 부정으로 말할 때는 어미(꼬리) だ를 떼고 じゃ なかったです를 붙이면 돼요.

예 きれいじゃ なかったです。 예쁘지 않았어요.

예 しんせつじゃ なかったです。 친절하지 않았어요.

❸ '~했/었어'처럼 반말로 말할 때는 어미(꼬리) だ를 떼고 だった만 붙이면 돼요.

예 きれいだった。 예뻤어.

예 しんせつだった。 친절했어.

52

3 회화 말하기

Track03-11

[막 시험이 끝난 카오리와 민희]

카오리 <ruby>し<rt>시</rt></ruby><ruby>けん<rt>껭</rt></ruby>は どうでしたか？
　　　시 껭 와 도-데시따 까

민희 とても かんたんだったです！
　　　토 떼모 칸 딴 단 따데스

카오리	시험은 어땠어요?
민희	너무 간단했어요!

しけん 시험　　～は ~은/는　どうでしたか 어땠어요?

とても 너무　　かんたんだ 간단하다

4 직접 말하기

Track03-12

다나카
어제, 일은 어땠어요?
きのう、しごとは どうでしたか？
키 노- 시 고또와 도-데시따 까

나
복잡했어요.
ふくざつだったです。
후꾸자쯔 닫 따데스

きのう 어제　しごと 일　～は ~은/는　どうでしたか 어땠어요?　ふくざつだ 복잡하다

↳ 단순했어요.　#たんじゅんだ 단순하다
　　たんじゅんだったです。
　　탄 쥰 닫 따데스

↳ 지루했어요.　#たいくつだ 지루하다
　　たいくつだったです。
　　타 이꾸쯔 닫 따데스

↳ 서툴렀어요.　#へただ 서툴다
　　へただったです。
　　헤 따 닫 따데스

Track03-13

1 음성을 잘 듣고, 올바른 단어를 고른 뒤 뜻을 써 보세요.

すきです   きれいだった   だいじょうぶですか

1) _____ (뜻 :   )

2) _____ (뜻 :   )

3) _____ (뜻 :   )

2 문장을 읽고 뜻을 써 보세요.

1) しごと、たいへんだったです。 (뜻 :   )

2) とても きれいです。 (뜻 :   )

3) ふくざつです。 (뜻 :   )

3 한국어 뜻을 보고 빈칸에 들어갈 적절한 것을 골라 문장을 완성하세요.

1) 매우 힘들었어요?
→ とても たいへん (   ) か。
① じゃ ないです   ② だったです   ③ かったです

2) 예뻤어.
→ きれい (   )。
① かったです   ② じゃ ない   ③ だった

3) 건강해요?
→ げんき (   ) か。
① です   ② だったです   ③ じゃ ないです

4) 괜찮지 않았어.
→ だいじょうぶ (   )。
① です   ② じゃ なかった   ③ でした

단어 쓰기 연습 ✐

しずかだ				
조용하다				

にぎやかだ				
번화하다				

しごと				
일				

ふくざつだ				
복잡하다				

たいへんだ				
힘들다				

たいくつだ				
지루하다				

しけん				
시험				

영어를 배워요.

えいごを ならいます。

어떤 스케줄이에요?
どんな スケジュールですか？

~해요.

1그룹동사 ます형 **ます。**

본가에 가요?
じっかに いきますか？

영어를 배워요.
えいごを ならいます。

~해요?

1그룹동사 ます형 **ますか。**

동사는 동작을 나타내는 말이에요. 동사도 형용사처럼 활용을 하는데 동사의 원래 모습을 '원형', 활용할 때 변하지 않는 부분을 '어간', 변하는 부분인 꼬리를 '어미'라고 해요. 그리고 동사는 1그룹, 2그룹, 3그룹 동사로 나뉘어요. 오늘은 1그룹 동사의 **ます**형과 긍정, 질문, 부정, 과거를 말하는 법을 배울 거예요.

문형
3

오늘 만나요?
きょう あいますか？

~하지 않아요.

1그룹동사 **ます형** **ません。**

오늘 만나지 않아요.
きょう あいません。

행사는 누구와?
ぎょうじは だれと？

문형
4

~했어요.

1그룹동사 **ます형** **ました。**

스즈키 씨와 갔어요.
すずきさんと いきました。

1 문장 듣고 따라 말하기

Track04-01

| 배워요. | ⇨ | ならいます。 |

#ならう 배우다

| 기다려요. | ⇨ | まちます。 |

#まつ 기다리다

| 마셔요. | ⇨ | のみます。 |

#のむ 마시다

| 써요. | ⇨ | かきます。 |

#かく 쓰다

2 문형 이해하기

동사의 종류 집중 강의 보기　　ます형 집중 강의 보기

❶ ～ます는 동사 현재형의 정중한 표현이에요. '～해요'와 '～할게요'라는 두 가지 뜻이 있어요.

❷ 일본어의 동사는 1그룹, 2그룹, 3그룹 3가지 종류가 있는데, 1그룹 동사의 모든 어미(꼬리)는 'う단'으로 끝나요.

❸ 1그룹 동사를 ます형으로 바꾸는 방법은 어미(꼬리)를 'う단'에서 'い단'으로 바꾸면 돼요.

예 어미 う단 : う, く(ぐ), す, つ, ぬ, む, ぶ, る
　　　　　　　 ↓　 ↓　 ↓　↓　↓　↓　↓　↓
　　어미 い단 : い, き(ぎ), し, ち, に, み, び, り 로 바꾸고 ます를 붙여요.

❹ '～해'처럼 반말로 말할 때는 1그룹 동사 원형 그대로 말하면 돼요.

예 いく。가.

예 ある。있어.

58

3 회화 말하기

[퇴근 준비를 하는 민수와 스즈키]

민수 **にちようびは どんな スケジュールですか？**

스즈키 **えいご<u>を</u> ならいます。**
*を는 우리말의 '~을/를'에 해당하는 조사예요.

민수 일요일은 어떤 스케줄이에요?
스즈키 영어를 배워요.

にちようび 일요일	**〜は** ~은/는	**どんな** 어떤
スケジュール 스케줄	**えいご** 영어	**〜を** ~을/를
ならう 배우다		

4 직접 말하기

엄마 내일, 예정은?
あした、よていは？

나 택배를 기다려요.
たくはいを まちます。

あした 내일　**よてい** 예정　**〜は** ~은/는　**たくはい** 택배　**〜を** ~을/를　**まつ** 기다리다

 컴퓨터를 사요. #パソコン 컴퓨터 #かう 사다

パソコンを かいます。

빵을 만들어요. #パン 빵 #つくる 만들다

パンを つくります。

책을 읽어요. #ほん 책 #よむ 읽다

ほんを よみます。

Track04-04

1 문장 듣고 따라 말하기

| 가요? | ➡ いきますか。 |

#いく 가다

| 이야기해요? | ➡ はなしますか。 |

#はなす 이야기하다

| 만나요? | ➡ あいますか。 |

#あう 만나다

| 물어요? | ➡ ききますか。 |

#きく 묻다, 듣다

2 문형 이해하기

❶ 1그룹 동사를 ます형으로 바꾸고 ますか를 붙이면 '~해요?'라는 뜻의 정중하게 묻는 말이 돼요. ますか 뒤에 물음표(?)는 붙이지 않아도 돼요.

❷ 1그룹 동사를 ます형으로 바꾸는 방법은 어미(꼬리)를 'う단'에서 'い단'으로 바꾸면 돼요.

예 어미 う단 : う, く(ぐ), す, つ, ぬ, む, ぶ, る
　　　　　　　↓　 ↓ 　 ↓ 　↓ 　↓ 　↓ 　↓ 　↓

어미 い단 : い, き(ぎ), し, ち, に, み, び, り 로 바꾸고 ますか를 붙여요.

❸ '~해?'처럼 반말로 물어볼 때는 1그룹 동사 원형 그대로 끝을 올려서 말하면 돼요.

예 いく↗。가?

예 ある↗。있어?

3 회화 말하기

Track04-05

[오봉 연휴 전날 민수와 스즈키]

민수   **いま、じっかに いきますか？**
*に는 우리말의 '~에(게)'에 해당하는 방향을 나타내는 조사예요.

스즈키   **はい、そうです。**

민수   지금, 본가에 가요?
스즈키   네, 그렇습니다.

いま 지금 　　じっか 본가 　　〜に ~에(게)
いく 가다 　　はい 네(긍정) 　　そうです 그렇습니다

---

4 직접 말하기

Track04-06

나   지금, 쉬어요?
いま、やすみますか？

↳ 지금, 기다려요?　#まつ 기다리다
いま、まちますか？

↳ 지금, 말해요?　#いう 말하다
いま、いいますか？

↳ 지금, 들어가요?　#はいる 들어가다 (예외 1그룹 동사 : 형태상으로는 2그룹 동사처럼 보이지만 1그룹인 동사)
いま、はいりますか？

동료   네, 그렇습니다.
はい、そうです。

いま 지금 　やすむ 쉬다 　はい 네(긍정) 　そうです 그렇습니다

1 문장 듣고 따라 말하기

Track04-07

만나지 않아요.	⇨ あいません。

#**あう** 만나다

진행되지 않아요.	⇨ すすみません。

#**すすむ** 진행되다, 진척되다

알지 않아요(몰라요).	⇨ わかりません。

#**わかる** 알다

있지 않아요(없어요).	⇨ ありません。

#**ある** (물건이) 있다

2 문형 이해하기

❶ 1그룹 동사를 **ます**형으로 바꾸고 **ません**을 붙이면 '~하지 않아요'라는 뜻의 정중한 부정 표현이 돼요.

❷ 1그룹 동사를 **ます**형으로 바꾸는 방법은 어미(꼬리)를 'う단'에서 'い단'으로 바꾸면 돼요.

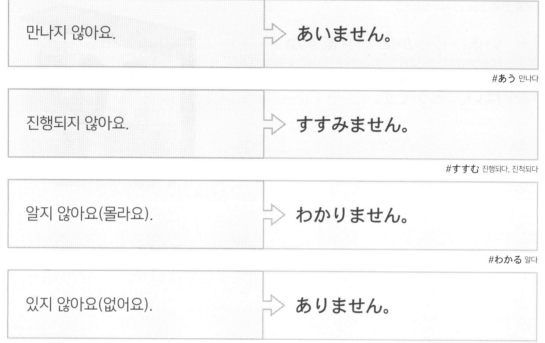

예 어미 う단 : う, く(ぐ), す, つ, ぬ, む, ぶ, る
　　　　　　 ↓ ↓ ↓ ↓ ↓ ↓ ↓ ↓
　　어미 い단 : い, き(ぎ), し, ち, に, み, び, り 로 바꾸고 **ません**을 붙여요.

❸ '~하지 않아'라는 뜻의 반말 부정은 **~ない**인데, **ない**형은 Day10에서 배울 거예요.

3 회화 말하기

[일정을 확인하는 민수와 스즈키]

민수 こきゃくと きょう あいますか？
*と는 우리말의 '~와/과'에 해당하는 조사예요.

스즈키 きょう あいません。 らいしゅうです。

민수   고객과 오늘 만나요?
스즈키   오늘 만나지 않아요. 다음 주예요.

こきゃく 고객	~と ~와/과	きょう 오늘
あう 만나다	らいしゅう 다음 주	

4 직접 말하기

친구   영어 학원에 가요?
        えいごの がっこうに いきますか？

나   오늘, 수업은 없어요.
        きょう、 じゅぎょうは ありません。

えいごの がっこう 영어 학원   きょう 오늘   じゅぎょう 수업   ~は ~은/는   ある 있다

⤷ 오늘, 수업은 진행되지 않아요.   #すすむ 진행되다

   きょう、 じゅぎょうは すすみません。

⤷ 오늘, 수업은 쉬지 않아요.   #やすむ 쉬다

   きょう、 じゅぎょうは やすみません。

⤷ 오늘, 수업은 열리지 않아요.   #ひらく 열리다

   きょう、 じゅぎょうは ひらきません。

1 문장 듣고 따라 말하기

Track04-10

갔어요.	⇨ いきました。

#いく 가다

열었어요.	⇨ ひらきました。

#ひらく 열다

했어요.	⇨ やりました。

#やる 하다

놀았어요.	⇨ あそびました。

#あそぶ 놀다

2 문형 이해하기

❶ 1그룹 동사를 ます형으로 바꾸고 ました를 붙이면 '~했어요'라는 뜻의 정중한 과거 표현이 돼요.

❷ 1그룹 동사를 ます형으로 바꾸는 방법은 어미(꼬리)를 'う단'에서 'い단'으로 바꾸면 돼요.

  예 어미 う단 : う, く(ぐ), す, つ, ぬ, む, ぶ, る
           ↓ ↓ ↓ ↓ ↓ ↓ ↓ ↓
  어미 い단 : い, き(ぎ), し, ち, に, み, び, り 로 바꾸고 ました를 붙여요.

❸ '~하지 않았어'라는 뜻의 반말 부정은 ~なかった인데, ない형은 Day10에서 배울 거예요.

3 회화 말하기

[외근을 나가는 다나카와 민수]

다나카 **きのう、ビックサイトの ぎょうじは だれと？**
*の는 우리말의 '~의'에 해당하는 조사예요.

민수 **すずきさんと いきました。**

다나카 어제, 빅사이트의 행사는 누구와?
민수 스즈키 씨와 갔어요.

きのう 어제	**ビックサイト** 빅사이트(전시장)		
～の ~의	**ぎょうじ** 행사	**は** ~은/는	
だれ 누구	**と** ~와/과	**いく** 가다	

4 직접 말하기

스즈키 일요일은 친구와 만났어요?
にちようびは ともだちと あいましたか？

나 네, 친구와 놀았어요.
はい、ともだちと あそびました。

にちようび 일요일 **～は** ~은/는 **ともだち** 친구 **～と** ~와/과 **あう** 만나다 **はい** 네(긍정) **あそぶ** 놀다

↳ 네, 친구와 책을 읽었어요. #ほん 책 #よむ 읽다
はい、ともだちと ほんを よみました。

↳ 네, 친구와 야구를 했어요. #やきゅう 야구 #やる 야구를 하다
はい、ともだちと やきゅうを やりました。

↳ 네, 친구와 술을 마셨어요. #おさけ 술 #のむ 마시다
はい、ともだちと おさけを のみました。

Track04-13

1 음성을 잘 듣고, 올바른 단어를 고른 뒤 뜻을 써 보세요.

ならいません　　やすみますか　　まちました

1) _____ (뜻 :　　　　　　　　　　　)

2) _____ (뜻 :　　　　　　　　　　　)

3) _____ (뜻 :　　　　　　　　　　　)

2 문장을 읽고 뜻을 써 보세요.

1) きのう、ならいました。(뜻 :　　　　　　　)

2) これ、わかりません。(뜻 :　　　　　　　)

3) いま、いきます。(뜻 :　　　　　　　)

3 한국어 뜻을 보고 빈칸에 들어갈 적절한 것을 골라 문장을 완성하세요.

1) 일본어는 배웠어요.

　　→ にほんごは（　　　　）。

　　① ならいです　　　　② ならいましたか　　　③ ならいました

2) 어제, 갔었어요?

　　→ きのう、いき（　　　　）か。

　　① です　　　　② ます　　　③ ました

3) 오늘은 쉽니다.

　　→ きょうは（　　　　）。

　　① やすみます　　② やすみません　　③ やすますか

4) 오늘은 (물건이) 있어요?

　　→ きょうは（　　　　）か。

　　① あります　　② ありません　　③ ありました

단어 쓰기 연습 ✏️

いく				
가다				

すすむ				
진행되다				

わかる				
알다				

あそぶ				
놀다				

ある				
(물건이) 있다				

やすむ				
쉬다				

ひらく				
열다				

DAY 05

교수님과 먹어요.
きょうじゅと たべます。

오늘, 점심은 누구와?
きょう、おひるは だれと？

문형
1

~해요.

[2, 3그룹 동사 ます형] ます。

교수님과 먹어요.
きょうじゅと たべます。

댄스 대회에 나가요?
ダンス たいかいに でますか？

문형
2

~해요?

[2, 3그룹 동사 ます형] ますか。

동사는 동작을 나타내는 말이에요. 동사는 1그룹, 2그룹, 3그룹 동사로 나뉘는데 Day04에서 1그룹 동사에 대해 배웠고, 오늘은 2그룹, 3그룹 동사의 **ます**형과 긍정, 질문, 부정, 과거를 말하는 법을 배울 거예요.

저는 발표하지 않아요.
わたしは はっぴょうしません。

문형
3

~하지 않아요.

2, 3그룹 동사 ます형 **ません。**

왜 지각을?
なぜ ちこくを？

문형
4

~했어요.

2, 3그룹 동사 ます형 **ました。**

8시에 일어났어요.
<ruby>8<rt>はち</rt></ruby> じに おきました。

1 문장 듣고 따라 말하기

Track05-01

| 먹어요. | ⇨ | たべます。 |

#たべる 먹다

| 나가요. | ⇨ | でます。 |

#でる 나가다

| 참가해요. | ⇨ | さんかします。 |

#さんかする 참가하다

| 와요. | ⇨ | きます。 |

#くる 오다 (3그룹 불규칙 동사)

동사의 종류　　ます형

집중 강의 보기　집중 강의 보기

2 문형 이해하기

❶ ～ます는 동사 현재형의 정중한 표현이에요. '～해요'와 '～할게요'라는 두 가지 뜻이 있어요.

❷ 2그룹 동사는 모두 어미(꼬리)가 る로 끝나고, る의 앞의 음이 'い단' 또는 'え단'이에요.

　예 たべる(먹다) / みる(보다)

❸ 2그룹 동사에 ます를 붙이려면 어미(꼬리) る를 떼고 ます를 붙이면 돼요.

❹ 3그룹 동사는 する(하다) → します(해요)와 くる(오다) → きます(와요) 이렇게 2개 뿐이에요. 불규칙 동사로 어간이 변하기 때문에 꼭 암기가 필요해요.

❺ '～해'처럼 반말로 말할 때는 2그룹, 3그룹 동사도 동사 원형만 말하면 돼요.

　예 たべる。 먹어.

　예 する。 해.

3 회화 말하기

[점심 시간을 앞둔 야마다와 민희]

야마다 　きょう、おひるは だれと？

민희 　きょうは きょうじゅと たべます。

야마다 　오늘, 점심은 누구와?
민희 　오늘은 교수님과 먹어요.

きょう 오늘	おひる 점심(식사)	〜は ~은/는
だれ 누구	と ~와/~과	きょうじゅ 교수님
たべる 먹다		

4 직접 말하기

엄마 　오늘, 오후는 무엇을 해?
　　　きょう、ごごは なにを する？

나 　외출해요.
　　でかけます。

きょう 오늘　ごご 오후　〜は ~은/는　なにを 무엇을　する 하다　でかける 외출하다

 자요. 　#ねる 자다

ねます。

근무해요. 　#つとめる 근무하다

つとめます。

공부해요. 　#べんきょうする 공부하다

べんきょうします。

말하는 문형 연습 2

1 문장 듣고 따라 말하기

Track05-04

| 나가요? | ⇨ | でますか。 |

#でる 나가다

| 알려요? | ⇨ | しらせますか。 |

#しらせる 알리다

| 알아봐요? | ⇨ | しらべますか。 |

#しらべる 알아보다, 조사하다

| 스타트해요? | ⇨ | スタートしますか。 |

#スタートする 스타트하다

2 문형 이해하기

❶ 우리말의 '~해요?'는 일본어로 ～ますか예요. 정중하게 묻는 표현이에요. ますか 뒤에 물음표(?)는 붙이지 않아도 돼요.

❷ 2그룹 동사에 ますか를 붙이려면 어미(꼬리) る를 떼고 ますか를 붙이면 돼요.

　　예 たべる(먹다) → たべますか(먹어요?)

　　예 みる(보다) → みますか(봐요?)

❸ 3그룹 동사는 する → しますか(해요?), くる → きますか(와요?)예요.

❹ '~해?'처럼 반말로 물어볼 때는 동사 원형에 끝을 올려서 말하면 돼요.

　　예 たべる↗。먹어?

　　예 する↗。해?

72

3 회화 말하기

Track05-05

[학교 축제를 구경 중인 민희와 야마다]

민희 **せんぱい、ダンス たいかいに でますか？**

야마다 **うん。3じから はじまる。**
*からは 우리말의 '~부터'에 해당하는 출발을 나타내는 조사예요.

민희 선배, 댄스 대회에 나가요?
야마다 응. 3시부터 시작해.

せんぱい 선배	**ダンス** 댄스	**たいかい** 대회
～に ~에	**でる** 나가다	**3じ** 3시
～から ~부터	**はじまる** 시작하다	

4 직접 말하기

Track05-06

> 나
> 오늘, 시작해요?
> **きょう、はじめますか？**

> ↳ 오늘, 그만둬요? #やめる 그만두다
> **きょう、やめますか？**

> ↳ 오늘, 근무해요? #つとめる 근무하다
> **きょう、つとめますか？**

> ↳ 오늘, 운동해요? #うんどうする 운동하다
> **きょう、うんどうしますか？**

> 동료
> 네, 그렇습니다.
> **はい、そうです。**

きょう 오늘 **はじめる** 시작하다 **はい** 네(긍정) **そうです** 그렇습니다

Track05-07

1 문장 듣고 따라 말하기

| 계속하지 않아요. | ⇨ | つづけません。 |

#つづける 계속하다

| 기억하지 않아요. | ⇨ | おぼえません。 |

#おぼえる 기억하다

| 출석하지 않아요. | ⇨ | しゅっせきしません。 |

#しゅっせきする 출석하다

| 발표하지 않아요. | ⇨ | はっぴょうしません。 |

#はっぴょうする 발표하다

2 문형 이해하기

❶ 우리말의 '~하지 않아요'는 일본어로 ～ません이에요. 동사의 정중한 부정 표현이에요.

❷ 2그룹 동사에 ません을 붙이려면 어미(꼬리) る를 떼고 ません을 붙이면 돼요.

　예 たべる(먹다) → たべません(먹지 않아요)

　예 みる(보다) → みません(보지 않아요)

❸ 3그룹 동사는 する → しません(하지 않아요), くる → きません(오지 않아요)이에요.

❹ 반말 부정 표현인 '~하지 않아'는 Day10에서 배울 거예요.

3 회화 말하기

Track05-08

[세미나 발표 수업을 앞둔 카오리와 민희]

카오리 きょうの はっぴょうは
ミンヒさんの ３ぐみですか？

민희 はい、そうです。

でも、わたしは はっぴょうしません。

카오리 오늘의 발표는 민희 씨네 3조예요?
민희 네, 그렇습니다. 하지만, 저는 발표하지
않아요.

きょう 오늘	～の ~의	はっぴょう 발표
～は ~은/는	３ぐみ 3조	はい 네(긍정)
そうです 그렇습니다	でも 하지만	わたし 저, 나

4 직접 말하기

Track05-09

교수 이 내용, 기억해요?
このないよう、おぼえますか？

나 아니요, 기억하지 않아요.
いいえ、おぼえません。

この 이   ないよう 내용   おぼえる 기억하다, 외우다   いいえ 아니요(부정)

 (당신이) 전달해요?
つたえますか？

아니요, (제가) 전달하지 않아요. #つたえる 전달하다
いいえ、つたえません。

해석, 가능해요?
かいしゃく、できますか？

아니요, 가능하지 않아요. #できる 가능하다
いいえ、できません。

발표해요?
はっぴょうしますか？

아니요, 발표하지 않아요. #はっぴょうする 발표하다
いいえ、はっぴょうしません。

1 문장 듣고 따라 말하기

Track05-10

| 일어났어요. | ⇨ | おきました。 |

#**おきる** 일어나다

| 출발했어요. | ⇨ | しゅっぱつしました。 |

#**しゅっぱつする** 출발하다

| 출근했어요. | ⇨ | しゅっきんしました。 |

#**しゅっきんする** 출근하다

| 왔어요. | ⇨ | きました。 |

#**くる** 오다

2 문형 이해하기

❶ 우리말의 '~했어요'는 일본어로 ~**ました**예요. 동사의 정중한 과거 표현이에요.

❷ 2그룹 동사에 **ました**를 붙이려면 어미(꼬리) **る**를 떼고 **ました**를 붙이면 돼요.

　　예 **たべる**(먹다) → **たべました**(먹었어요)

　　예 **みる**(보다) → **みました**(봤어요)

❸ 3그룹 동사는 **する → しました**(했어요), **くる → きました**(왔어요)예요.

❹ '~했어'라는 뜻의 반말 부정 표현은 Day13에서 배울 거예요.

3 회화 말하기

Track05-11

[수업에 늦은 민희]

야마다 　**きょうは なぜ ちこくを？**

민희 　**8 じに おきました。**
　　　　　はち
　　　*에는 시간 뒤에 쓰이면 우리말의 '~에'에 해당하는 조사예요.

야마다 　오늘은 왜 지각을?

민희 　8시에 일어났어요.

きょう 오늘		**は** ~은/는		**なぜ** 왜	
ちこく 지각		**を** ~을/를		**8じ** 8시	
〜に ~에(시간)		**おきる** 일어나다			

4 직접 말하기

Track05-12

야마다
일요일은 무엇을 했어요?

にちようびは なにを しましたか？

나
집에서 뒹굴뒹굴했어요.

いえで ごろごろしました。

にちようび 일요일 　**〜は** ~은/는 　**なにを** 무엇을 　**する** 하다 　**いえ** 집 　**〜で** ~에서 　**ごろごろする** 뒹굴뒹굴하다

↳ 집에서 근무했어요. 　#**つとめる** 근무하다

いえで つとめました。

↳ 집에서 청소했어요. 　#**そうじする** 청소하다

いえで そうじしました。

↳ 집에서 공부했어요. 　#**べんきょうする** 공부하다

いえで べんきょうしました。

Track05-13

1 음성을 잘 듣고, 올바른 단어를 고른 뒤 뜻을 써 보세요.

つとめません　　　おぼえますか　　　やめました

1) _____ (뜻 :　　　　　　　　　　　　　　　)

2) _____ (뜻 :　　　　　　　　　　　　　　　)

3) _____ (뜻 :　　　　　　　　　　　　　　　)

2 문장을 읽고 뜻을 써 보세요.

1) きのう、たべました。(뜻 :　　　　　　　　　　　　)

2) いま、つとめません。(뜻 :　　　　　　　　　　　　)

3) きょう、でかけますか。(뜻 :　　　　　　　　　　　　)

3 한국어 뜻을 보고 빈칸에 들어갈 적절한 것을 골라 문장을 완성하세요.

1) 같이 먹었어요.

→ いっしょに（　　　　）。

① たべません　　　　② たべましたか　　　　③ たべました

2) 오늘, 공부해요?

→ きょう、べんきょう（　　　　）か。

① しました　　　　② しません　　　　③ します

3) 오늘은 운동합니다.

→ きょうは（　　　　）。

① うんどうします　　　② うんどうしません　　　③ うんどうしました

4) 어제는 집에서 근무했어요?

→ きのうは いえで（　　　　）。

① つとめる　　　　② つとめません　　　　③ つとめましたか

단어 쓰기 연습 ✏️

ねる				
자다				

くる				
오다				

できる				
할 수 있다				

つとめる				
근무하다				

つづける				
계속하다				

やめる				
그만두다				

ごろごろする				
뒹굴뒹굴하다				

같이 갑시다.

いっしょに いきましょう。

문형 1

(같이) ~합시다.

동사 ます형 **ましょう。**

옥상에서 먹을까요?

おくじょうで たべましょうか？

영어 학원에 와?

えいごの がっこうに くる？

응, 같이 갑시다.

うん、いっしょに いきましょう。

문형 2

(같이) ~할까요?

동사 ます형 **ましょうか。**

오늘은 권유 표현을 배울 거예요. 상대방에게 '(같이) ~합시다', '(같이) ~할까요?', '(같이) ~하지 않을래요?', '(같이) ~하자'와 같이 말하는 표현이에요. 일본어의 권유 표현은 Day04와 Day05에서 배운 동사 **ます**형에 붙여요.

문형 3

(같이) ~하지 않을래요?

동사 ます형 ませんか。

같이 가지 않을래요?
いっしょに いきませんか？

문형 4

(같이) ~하자.

동사 권유형 。

슬슬 끝내자.
そろそろ おわろう。

1 문장 듣고 따라 말하기

Track06-01

갑시다.	⇨ いきましょう。

#いく 가다

배웁시다.	⇨ ならいましょう。

#ならう 배우다

봅시다.	⇨ みましょう。

#みる 보다

공부합시다.	⇨ べんきょうしましょう。

#べんきょうする 공부하다

2 문형 이해하기

❶ 동사를 ます형으로 바꾸고 ましょう를 붙이면 '(같이) ~합시다'라는 뜻이에요.

❷ 1그룹 동사를 ます형으로 바꾸는 방법은 어미(꼬리)를 'う단'에서 'い단'으로 바꾸면 돼요.

　예　어미 う단 : う, く(ぐ), す, つ, ぬ, む, ぶ, る
　　　　　　　　↓ 　↓ 　 ↓ 　↓ 　↓ 　↓ 　↓ 　↓
　　　어미 い단 : い, き(ぎ), し, ち, に, み, び, り 로 바꾸고 ましょう를 붙여요.

❸ 2그룹 동사는 어미(꼬리) る를 떼고 ましょう를 붙여요.

❹ 3그룹 동사는 する(하다) → しましょう(합시다), くる(오다) → きましょう(옵시다)예요.

❺ '~하자'라는 뜻의 반말 권유 표현은 「말하는 문형 연습4」에서 배울 거예요.

3 회화 말하기

Track06-02

[같은 영어 학원을 다니는 은정과 스즈키]

은정　きょう、えいごの がっこうに くる？

스즈키　うん、いっしょに いきましょう。

은정　오늘, 영어 학원에 와?
스즈키　응, 같이 갑시다.

きょう 오늘	えいごの がっこう 영어 학원	
～に ~에	くる 오다	いっしょに 같이
いく 가다		

4 직접 말하기

Track06-03

선배　내일, 영화 어때요?
あした、えいが どうですか？

나　네, 같이 봅시다.
はい、いっしょに みましょう。

あした 내일　えいが 영화　どうですか 어때요?　いっしょに 같이　みる 보다

↳ 네, 같이 나갑시다.　#でる 나가다

　はい、いっしょに でましょう。

↳ 네, 같이 고릅시다.　#えらぶ 고르다

　はい、いっしょに えらびましょう。

↳ 네, 같이 예약합시다.　#よやくする 예약하다

　はい、いっしょに よやくしましょう。

1 문장 듣고 따라 말하기

Track06-04

| 먹을까요? | ⇨ | たべましょうか。 |

#たべる 먹다

| 마실까요? | ⇨ | のみましょうか。 |

#のむ 마시다

| 기다릴까요? | ⇨ | まちましょうか。 |

#まつ 기다리다

| 운동할까요? | ⇨ | うんどうしましょうか。 |

#うんどうする 운동하다

2 문형 이해하기

❶ 동사를 ます형으로 바꾸고 ましょうか를 붙이면 '(같이) ~할까요?'라는 뜻의 권유하는 말이 돼요. ましょうか 뒤에는 물음표(?)는 붙이지 않아도 돼요.

❷ 1그룹 동사는 어미(꼬리)를 'う단'에서 'い단'으로 바꾸고 ましょうか를 붙이면 돼요.

❸ 2그룹 동사는 어미(꼬리) る를 떼고 ましょうか를 붙이면 돼요.

❹ 3그룹 동사는 する → しましょうか(할까요?), くる → きましょうか(올까요?)예요.

❺ '~할까?'라는 뜻의 반말 권유 표현은 「말하는 문형 연습4」에서 배울 거예요.

3 회화 말하기

[같이 점심을 먹기로 한 민수와 스즈키]

민수 **きょうは おくじょうで たべましょうか？**
*で는 우리말의 '~에서'에 해당하는 장소를 나타내는 조사예요.

스즈키 **はい、そう しましょう。**

민수 오늘은 옥상에서 먹을까요?
스즈키 네, 그렇게 합시다.

きょう 오늘	~は ~은/는	おくじょう 옥상
~で ~에서	たべる 먹다	そう 그렇게
する 하다		

4 직접 말하기

나 이번 축제, 같이 진행할까요?
こんどの まつり、いっしょに すすみましょうか？

↳ 이번 축제, 같이 준비할까요?　#じゅんびする 준비하다
　こんどの まつり、いっしょに じゅんびしましょうか？

↳ 이번 축제, 같이 초대장을 쓸까요?　#しょうたいじょう 초대장 #~を ~을/를 #かく 쓰다
　こんどの まつり、いっしょに しょうたいじょうを かきましょうか？

↳ 이번 축제, 같이 계획을 세울까요?　#けいかく 계획 #~を ~을/를 #たてる 세우다
　こんどの まつり、いっしょに けいかくを たてましょうか？

카오리 네, 그렇게 합시다.
はい、そう しましょう。

こんどの 이번　まつり 축제　いっしょに 같이　すすむ 진행하다　そう 그렇게　する 하다

1 문장 듣고 따라 말하기

Track06-07

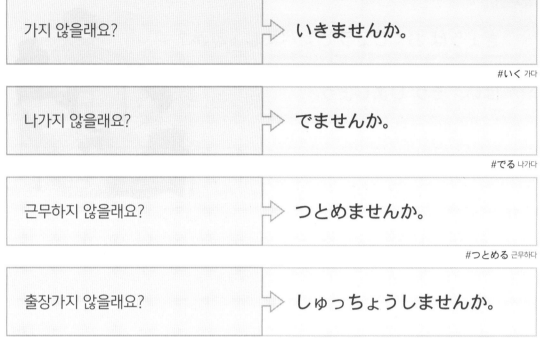

| 가지 않을래요? | ⇒ いきませんか。 |

#いく 가다

| 나가지 않을래요? | ⇒ でませんか。 |

#でる 나가다

| 근무하지 않을래요? | ⇒ つとめませんか。 |

#つとめる 근무하다

| 출장가지 않을래요? | ⇒ しゅっちょうしませんか。 |

#しゅっちょうする 출장가다

2 문형 이해하기

❶ 동사를 ます형으로 바꾸고 ませんか를 붙이면 '(같이) ~하지 않을래요?'라는 뜻이에요. ま
   せんか 뒤에는 물음표(?)는 붙이지 않아도 돼요.

❷ 1그룹 동사는 어미(꼬리)를 'う단'에서 'い단'으로 바꾸고 ませんか를 붙이면 돼요.

❸ 2그룹 동사는 어미(꼬리) る를 떼고 ませんか를 붙이면 돼요.

❹ 3그룹 동사는 する → しませんか(하지 않을래요?), くる → きませんか(오지 않을래요?)
   예요.

3 회화 말하기

[거래처 동행을 제안하는 민수]

민수 **あした、とりひきさきに いっしょに いきませんか？**

스즈키 **すみません。にっていが あります。**
*が는 우리말의 '~이/가'에 해당하는 주격 조사예요.

민수 내일, 거래처에 같이 가지 않을래요?
스즈키 죄송해요. 일정이 있어요.

あした 내일	**とりひきさき** 거래처	**～に** ~에
いっしょに 같이	**いく** 가다	**すみません** 죄송해요
にってい 일정	**～が** ~이/가	**ある** 있다

4 직접 말하기

나 내일, 서울에서 만나지 않을래요?
あした、ソウルで あいませんか？

↳ 내일, 카페에서 이야기하지 않을래요?　#カフェ 카페 #はなす 이야기하다

あした、カフェで はなしませんか？

↳ 내일, 저 술집에서 마시지 않을래요?　#あの 저 #のみや 술집 #のむ 마시다

あした、あの のみやで のみませんか？

↳ 내일, 백화점에서 사지 않을래요?　#デパート 백화점 #かう 사다

あした、デパートで かいませんか？

연인 네, 좋아요.
はい、いいです。

あした 내일　**ソウル** 서울　**～で** ~에서　**あう** 만나다　**いい** 좋다

말하는 문형 연습 4

1 문장 듣고 따라 말하기

Track06-10

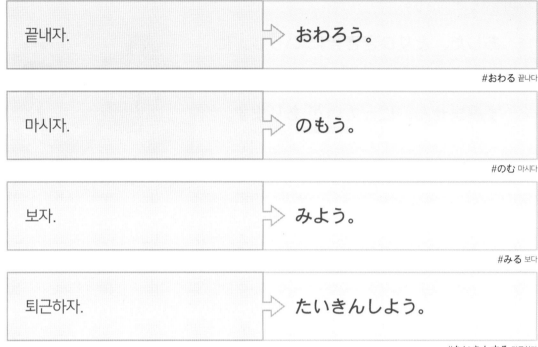

| 끝내자. | ⇨ | おわろう。 |

#おわる 끝나다

| 마시자. | ⇨ | のもう。 |

#のむ 마시다

| 보자. | ⇨ | みよう。 |

#みる 보다

| 퇴근하자. | ⇨ | たいきんしよう。 |

#たいきんする 퇴근하다

2 문형 이해하기

❶ 동사의 어미(꼬리)를 권유형으로 바꾸면 '~하자'라는 뜻의 반말 권유 표현이 돼요.

❷ 1그룹 동사는 어미(꼬리)를 'う단'에서 'お단'으로 바꾸고 끝에 う를 붙여요.

　예 어미 う단 : う, く(ぐ), す, つ, ぬ, む, ぶ, る
　　　　　　　　↓　↓　↓　↓　↓　↓　↓　↓
　　　어미 お단 : お, こ(ご), そ, と, の, も, ぼ, ろ 로 바꾸고 う를 붙여요.

❸ 2그룹 동사는 어미(꼬리) る를 떼고 よう를 붙여요.

❹ 3그룹 동사는 する → しよう(하자), くる → こよう(오자)예요.

❺ 문장 끝에 か를 붙이면 '~할까?'라는 뜻의 반말이에요.

　예 いこうか。 갈까?

　예 たべようか。 먹을까?

3 회화 말하기

[보고서를 정리 중인 은정과 스즈키]

은정   これで だいじょうぶじゃ ない？

스즈키 うん、そろそろ おわろう。

은정   이것으로 괜찮지 않아?
스즈키 응, 슬슬 끝내자.

これで 이것으로, 여기서	だいじょうぶだ 괜찮다
そろそろ 슬슬	おわる 끝나다

4 직접 말하기

> 친구   내일 같이 바다에 갈래?
> **あした いっしょに うみに いく？**

> 나   응, 좋아. 같이 가자.
> **うん、いいよ。いっしょに いこう。**

あした 내일   いっしょに 같이   うみ 바다   〜に ~에   いく 가다   いい 좋다

↳ 응, 좋아. 역에서 만나자.   #えき 역 #〜で ~에서 #あう 만나다

  うん、いいよ。えきで あおう。

↳ 응, 좋아. 바다에서 수영하자.   #うみ 바다 #〜で ~에서 #およぐ 수영하다

  うん、いいよ。うみで およごう。

↳ 응, 좋아. 8시에 나가자.   #8じ 8시 #〜に ~에 #でかける 나가다

  うん、いいよ。8じに でかけよう。

1 음성을 잘 듣고, 올바른 단어를 고른 뒤 뜻을 써 보세요.

いこう　　　　ならいませんか　　　　やすみましょう

1) _____ (뜻 : 　　　　　　　　　　　　　　)

2) _____ (뜻 : 　　　　　　　　　　　　　　)

3) _____ (뜻 : 　　　　　　　　　　　　　　)

2 문장을 읽고 뜻을 써 보세요.

1) きょう、えらびましょうか。(뜻 : 　　　　　　　　　　　　　)

2) これ、たべませんか。(뜻 : 　　　　　　　　　　　)

3) やすもう。(뜻 : 　　　　　　　　　　)

3 한국어 뜻을 보고 빈칸에 들어갈 적절한 것을 골라 문장을 완성하세요.

1) 일본어를 배울래요?

　　→ にほんごを（　　　　）。

　　① ならいです　　　　　　② ならいましょう　　③ ならいましょうか

2) 내일, 먹을까요?

　　→ あした、たべ（　　　　）か。

　　① ません　　　　　　　② ます　　　　　　③ ましょう

3) 오늘은 같이 가지 않을래요?

　　→ きょうは いっしょに（　　　　）。

　　① いきます　　　　　　② いきませんか　　③ いきましょう

4) 이것을 고르자.

　　→ これを（　　　　）。

　　① えらびます　　　　② えらびませんか　　③ えらぼう

단어 쓰기 연습 🖉

ならう				
배우다				

えらぶ				
고르다				

はなす				
이야기하다				

まつ				
기다리다				

つとめる				
근무하다				

さんかする				
참가하다				

かう				
사다				

놀고 싶어요.
あそびたいです。

문형 1

~하고 싶어요.

동사 ます형 たいです。

무엇이 하고 싶어요?
なにが したいですか？

놀고 싶어요.
あそびたいです。

꿈은 무엇이었어요?
ゆめは なんでしたか?

문형 2

~하고 싶었어요.

동사 ます형 たかったです。

선생님이 되고 싶었어요.
せんせいに なりたかったです。

오늘은 희망 표현인 '~하고 싶어요', '~하고 싶었어요', '~하고 싶지 않아요', '~하고 싶지 않았어요'를 말하는 법을 배워 볼게요. 일본어의 희망 표현은 Day04와 Day05에서 배운 동사 **ます**형에 붙여요.

문형
3

~하고 싶지 않아요.

동사 ます형 **たくないです。**

도와줄까요?
てつだいましょうか？

아무 것도 이야기하고 싶지 않아요.
なにも はなしたくないです。

표정이 어둡네요.
ひょうじょうが くらいですね。

문형
4

~하고 싶지 않았어요.

동사 ます형 **たくなかったです。**

일을 전혀 하고 싶지 않았어요.
しごとを ぜんぜん したく なかったです。

1 문장 듣고 따라 말하기

Track07-01

놀고 싶어요.	➡ あそびたいです।

#あそぶ 놀다

쉬고 싶어요.	➡ やすみたいです।

#やすむ 쉬다

자고 싶어요.	➡ ねたいです।

#ねる 자다

여행하고 싶어요.	➡ りょこうしたいです।

#りょこうする 여행하다

2 문형 이해하기

❶ 동사 ます형에 たいです를 붙이면 '~하고 싶어요'라는 뜻의 희망을 나타내는 말이 돼요.

❷ 1그룹 동사는 어미(꼬리)를 'う단'에서 'い단'으로 바꾸고 たいです를 붙이면 돼요.

　예 어미 う단 : う, く(ぐ), す, つ, ぬ, む, ぶ, る
　　　　　　　　 ↓　　↓　　 ↓　↓　↓　↓　　↓　↓
　　어미 い단 : い, き(ぎ), し, ち, に, み, び, り 로 바꾸고 たいです를 붙여요.

❸ 2그룹 동사는 어미(꼬리) る를 떼고 たいです를 붙여요.

❹ 3그룹 동사는 する(하다) → したいです(하고 싶어요), くる(오다) → きたいです(오고 싶어요)예요.

❺ '~하고 싶어'처럼 반말로 말할 때는 です를 떼고 たい만 말하면 돼요.

　예 いきたい。 가고 싶어.

　예 たべたい。 먹고 싶어.

3 회화 말하기

Track07-02

[카페에서 쉬고 있는 다나카와 은정]

다나카 **こんどの きゅうかに なにが したいですか？**

은정 **おもいっきり あそびたいです。**

다나카 이번 휴가에 무엇이 하고 싶어요?
은정 마음껏 놀고 싶어요.

こんどの 이번	**きゅうか** 휴가	**〜に** ~에(시간)
なにが 무엇이	**する** 하다	**おもいっきり** 마음껏
あそぶ 놀다		

4 직접 말하기

Track07-03

연인 토요일, 무엇이 하고 싶어요?
どようび、 なにが したいですか？

나 바다에서 수영하고 싶어요.
うみで およぎたいです。

どようび 토요일　**なにが** 무엇이　**する** 하다　**うみ** 바다　**〜で** ~에서　**およぐ** 수영하다

↳ 가방을 사고 싶어요. #かばん 가방 #〜を ~을/를 #かう 사다

かばんを かいたいです。

↳ 쇼핑하고 싶어요. #かいものする 쇼핑하다

かいものしたいです。

↳ 공부하고 싶어요. #べんきょうする 공부하다

べんきょうしたいです。

1 문장 듣고 따라 말하기

Track07-04

되고 싶었어요.	⇒	なりたかったです。

#なる 되다

일하고 싶었어요.	⇒	はたらきたかったです。

#はたらく 일하다

가르치고 싶었어요.	⇒	おしえたかったです。

#おしえる 가르치다

유학하고 싶었어요.	⇒	りゅうがくしたかったです。

#りゅうがくする 유학하다

2 문형 이해하기

❶ 동사 ます형에 たかったです를 붙이면 '~하고 싶었어요'라는 뜻이에요.

❷ 1그룹 동사는 어미(꼬리)를 'う단'에서 'い단'으로 바꾸고 たかったです를 붙이면 돼요.

❸ 2그룹 동사는 어미(꼬리) る를 떼고 たかったです를 붙이면 돼요.

❹ 3그룹 동사는 する → したかったです(하고 싶었어요), くる → きたかったです(오고 싶었어요)예요.

❺ '~하고 싶었어'처럼 반말로 말할 때는 です를 떼고 たかった만 말하면 돼요.

　　예 いきたかった。가고 싶었어.

　　예 たべたかった。먹고 싶었어.

3 회화 말하기

[외근 중인 다나카와 은정]

다나카 **こどもの とき、ゆめは なんでしたか？**

은정 **せんせいに なりたかったです。**

다나카 어렸을 때, 꿈은 무엇이었어요?
은정 선생님이 되고 싶었어요.

こどもの とき 어렸을 때	**ゆめ** 꿈
〜は ~은/는	**なん** 무엇
せんせい 선생님	**〜に なる** ~이 되다

4 직접 말하기

> 동료
> 어제, 집에서 무엇이 하고 싶었어?
> **きのう、いえで なにが したかった？**

> 나
> 고양이와 놀고 싶었어요.
> **ねこと あそびたかったです。**

きのう 어제　**いえ** 집　**〜で** ~에서　**なにが** 무엇이　**する** 하다　**ねこ** 고양이　**と** ~와/과　**あそぶ** 놀다

↳ 영화를 보고 싶었어요.　#**えいが** 영화 #**〜を** ~을/를 #**みる** 보다

　えいがを みたかったです。

↳ 냉장고를 정리하고 싶었어요.　#**れいぞうこ** 냉장고 #**〜を** ~을/를 #**かたづける** 정리하다

　れいぞうこを かたづけたかったです。

↳ 방을 청소하고 싶었어요.　#**へや** 방 #**〜を** ~을/를 #**そうじする** 청소하다

　へやを そうじしたかったです。

1 문장 듣고 따라 말하기

Track07-07

| 이야기하고 싶지 않아요. | ⇨ | はなしたくないです。 |

#はなす 이야기하다

| 만나고 싶지 않아요. | ⇨ | あいたくないです。 |

#あう 만나다

| 가고 싶지 않아요. | ⇨ | いきたくないです。 |

#いく 가다

| 오고 싶지 않아요. | ⇨ | きたくないです。 |

#くる 오다

2 문형 이해하기

❶ 동사 ます형에 たくないです를 붙이면 '~하고 싶지 않아요'라는 뜻이에요.

❷ 1그룹 동사는 어미(꼬리)를 'う단'에서 'い단'으로 바꾸고 たくないです를 붙이면 돼요.

❸ 2그룹 동사는 어미(꼬리) る를 떼고 たくないです를 붙이면 돼요.

❹ 3그룹 동사는 する → したくないです(하고 싶지 않아요), くる → きたくないです(오고 싶지 않아요)예요.

❺ '~하고 싶지 않아'처럼 반말로 말할 때는 です를 떼고 たくない만 말하면 돼요.

　　예 いきたくない。가고 싶지 않아.

　　예 たべたくない。먹고 싶지 않아.

3 회화 말하기

[표정이 안 좋은 스즈키를 본 민수]

민수 **どこか いたいですか？**
　　 *か는 우리말의 '~인가'에 해당하는 불확실한 추측의 조사예요.

　　 てつだいましょうか？

스즈키 **すみません。いまは なにも**

　　 はなしたくないです。

민수　어디 아파요? 도와줄까요?
스즈키　죄송해요. 지금은 아무 것도 이야기하고 싶지
　　　 않아요.

どこか 어디	**いたい** 아프다	**てつだう** 돕다
すみません 죄송해요	**いま** 지금	**～は** ~은/는
なにも 아무 것도	**はなす** 이야기하다	

4 직접 말하기

친구　최근, 지치니?
　　 さいきん、つかれる？

나　번아웃일까? 일이 하고 싶지 않아.
　 バーンアウトかな？しごとが したくない。

さいきん 최근　**つかれる** 지치다　**バーンアウト** 번아웃　**～かな** ~일까?　**しごと** 일　**～が** ~이/가　**する** 하다

　↳ 번아웃일까? 어디에도 가고 싶지 않아.　#どこにも 어디에도 #いく 가다

　　 バーンアウトかな？どこにも いきたくない。

　↳ 번아웃일까? 아무도 만나고 싶지 않아.　#だれも 아무도 #あう 만나다

　　 バーンアウトかな？だれも あいたくない。

　↳ 번아웃일까? 아무것도 공부하고 싶지 않아.　#なにも 아무것도 #べんきょうする 공부하다

　　 バーンアウトかな？なにも べんきょうしたくない。

말하는 문형 연습 4

1 문장 듣고 따라 말하기

Track07-10

| 만나고 싶지 않았어요. | ➡ | あいたくなかったです。 |

#あう 만나다

| 계속하고 싶지 않았어요. | ➡ | つづけたくなかったです。 |

#つづける 계속하다

| 하고 싶지 않았어요. | ➡ | したくなかったです。 |

#する 하다 (3그룹 불규칙 동사)

| 담당하고 싶지 않았어요. | ➡ | たんとうしたくなかったです。 |

#たんとうする 담당하다

2 문형 이해하기

❶ 동사 ます형에 たくなかったです를 붙이면 '～하고 싶지 않았어요'라는 뜻이에요.

❷ 1그룹 동사는 어미(꼬리)를 'う단'에서 'い단'으로 바꾸고 たくなかったです를 붙여요.

❸ 2그룹 동사는 어미(꼬리) る를 떼고 たくなかったです를 붙여요.

❹ 3그룹 동사는 する → したくなかったです(하고 싶지 않았어요), くる → きたくなかったです(오고 싶지 않았어요)예요.

❺ '～하고 싶지 않았어'처럼 반말로 말할 때는 です를 떼고 たくなかった만 말하면 돼요.

　　예 いきたくなかった。 가고 싶지 않았어.

　　예 たべたくなかった。 먹고 싶지 않았어.

3 회화 말하기

[이자카야에서 이야기를 나누는 민수와 스즈키]

민수 　なにか ありましたか？
　　　ひょうじょうが くらいですね。

스즈키 　しごとを ぜんぜん したくなかったです。
　　　かいしゃを やめたいです。

민수 　무슨 일 있었어요? 표정이 어둡네요.
스즈키 일을 전혀 하고 싶지 않았어요.
　　　회사를 그만두고 싶어요.

なにか 무슨 일	ある 있다	ひょうじょうが くらい 표정이 어둡다	
しごと 일	〜を ~을/를	ぜんぜん 전혀	
する 하다	かいしゃ 회사	やめる 그만두다	

4 직접 말하기

스즈키 어제, 미팅에서 무슨 일 있었어요?
　　　きのう、ごうコンで なにか ありましたか？

나 너무 만나고 싶지 않았어요.
　　とても あいたくなかったです。

きのう 어제　ごうコン (단체) 미팅　〜で ~에서　なにか 무슨 일　ある 있다　とても 너무　あう 만나다

↳ 너무 가고 싶지 않았어요.　#いく 가다

　とても いきたくなかったです。

↳ 너무 있고 싶지 않았어요.　#いる 있다

　とても いたくなかったです。

↳ 너무 나가고 싶지 않았어요.　#でる 나가다

　とても でたくなかったです。

Track07-13

1 음성을 잘 듣고, 올바른 단어를 고른 뒤 뜻을 써 보세요.

あそびたかった　　　やすみたい　　　あいたくなかったです

1) _____ (뜻 :　　　　　　　　　　　　)

2) _____ (뜻 :　　　　　　　　　　　　)

3) _____ (뜻 :　　　　　　　　　　　　)

2 문장을 읽고 뜻을 써 보세요.

1) きのう、いきたくなかったです。(뜻 :　　　　　　　　　　　)

2) これ、たんとうしたくないです。(뜻 :　　　　　　　　　　)

3) あした、つとめたくない。(뜻 :　　　　　　　　　　　　)

3 한국어 뜻을 보고 빈칸에 들어갈 적절한 것을 골라 문장을 완성하세요.

1) 수영하고 싶지 않아요.

→ およぎ（　　　　）。

① ます　　　　　　② たくないです　　　　③ たい

2) 어제, 가고 싶지 않았어요?

→ きのう、いき（　　　　）か。

① たいです　　　　② たくない　　　　③ たくなかったです

3) 오늘은 공부하고 싶지 않아.

→ きょうは べんきょう（　　　　）。

① したいです　　　② したかった　　　③ したくない

4) 회사를 그만두고 싶어.

→ かいしゃを やめ（　　　　）。

① たい　　　　　　② たくない　　　　③ たかったです

단어 쓰기 연습 ✎

およぐ				
수영하다				

やすむ				
쉬다				

あそぶ				
놀다				

ねる				
자다				

べんきょうする				
공부하다				

でる				
나가다				

つづける				
계속하다				

찾기 쉬워요.

さがしやすいです。

~하기 쉬워요.

─────

동사 ます형 やすいです。

도톤보리, 알아요?
どうとんぼり、わかりますか？

찾기 쉬워요.
さがしやすいです。

어려워?
むずかしい？

읽기 어려워요.
よみにくいです。

~하기 어려워요.

─────

동사 ます형 にくいです。

오늘은 동사의 **ます**형에 붙이는 4가지 표현을 배워볼 거예요. '~하기 쉬워요', '~하기 어려워요', '~하는 법', '~하러 가요'는 모두 동사 **ます**형에 붙여서 만들어요.

문형 3

~하는 법

동사 ます형 **かた**

쓰는 법, 알아?
かきかた、わかる？

어디에 가?
どこに いく？

문형 4

~하러 가요.

동사 ます형 **に いきます。**

커피를 마시러 가요.
コーヒーを のみに いきます。

1 문장 듣고 따라 말하기

Track08-01

| 찾기 쉬워요. | さがしやすいです。 |

#さがす 찾다

| 가기 쉬워요. | いきやすいです。 |

#いく 가다

| 알기 쉬워요. | わかりやすいです。 |

#わかる 알다

| 외우기 쉬워요. | おぼえやすいです。 |

#おぼえる 외우다, 기억하다

2 문형 이해하기

❶ 동사를 ます형으로 바꾸고 やすいです를 붙이면 '～하기 쉬워요', '～하기 편해요'라는 뜻이에요.

❷ 1그룹 동사는 어미(꼬리)를 'う단'에서 'い단'으로 바꾸고 やすいです를 붙이면 돼요.

❸ 2그룹 동사는 어미(꼬리) る를 떼고 やすいです를 붙이면 돼요.

❹ 3그룹 동사는 する(하다) → しやすいです(하기 쉬워요), くる(오다) → きやすいです(오기 쉬워요)예요.

❺ '～하기 쉬워'처럼 반말로 말할 때는 です를 떼고 やすい만 붙이면 돼요.

예 いきやすい。 가기 쉬워.

예 たべやすい。 먹기 쉬워.

➕ 부정 표현인 '～하기 쉽지 않아(요)'는 동사 ます형에 やすくない(です)를 붙이면 돼요.

➕ 과거 표현인 '～하기 쉬웠어(요)'는 동사 ます형에 やすかった(です)를 붙이면 돼요.

3 회화 말하기

[오사카 여행을 계획 중인 민희]

민희　どうとんぼり、わかりますか？

카오리　はい、わかります。

　　　さがしやすいです。

민희　도톤보리, 알아요?

카오리　네, 알아요. 찾기 쉬워요.

どうとんぼり 도톤보리(오사카의 번화가)　　**わかる** 알다

さがす 찾다

4 직접 말하기

> 선배　서울은 무엇이 제일 좋아?
> **ソウルは なにが いちばん いい？**

> 나　서울은 걷기 쉬워요(편해요).
> **ソウルは あるきやすいです。**

ソウル 서울　**～は** ~은/는　**なにが** 무엇이　**いちばん** 제일　**いい** 좋다　**あるく** 걷다

↳ 서울은 살기 쉬워요(편해요).　#**すむ** 살다

　ソウルは すみやすいです。

↳ 서울은 외출하기 쉬워요(편해요).　#**でかける** 외출하다

　ソウルは でかけやすいです。

↳ 서울은 여행하기 쉬워요(편해요).　#**りょこうする** 여행하다

　ソウルは りょこうしやすいです。

1 문장 듣고 따라 말하기

Track08-04

읽기 어려워요.	⇨	よみにくいです。

#よむ 읽다

쓰기 어려워요.	⇨	かきにくいです。

#かく 쓰다

해결되기 어려워요.	⇨	すみにくいです。

#すむ 해결되다, 완료되다

기억하기 어려워요.	⇨	きおくしにくいです。

#きおくする 기억하다

2 문형 이해하기

❶ 동사를 ます형으로 바꾸고 にくいです를 붙이면 '~하기 어려워요'라는 뜻이에요.

❷ 1그룹 동사는 어미(꼬리)를 'う단'에서 'い단'으로 바꾸고 にくいです를 붙이면 돼요.

❸ 2그룹 동사는 어미(꼬리) る를 떼고 にくいです를 붙이면 돼요.

❹ 3그룹 동사는 する → しにくいです(하기 어려워요), くる → きにくいです(오기 어려워요)예요.

❺ '~하기 어려워'처럼 반말로 말할 때는 です를 떼고 にくい만 붙이면 돼요.

　예 いきにくい。 가기 어려워.

　예 たべにくい。 먹기 어려워.

　➕ 부정 표현인 '~하기 어렵지 않아(요)'는 동사 ます형에 にくくない(です)를 붙이면 돼요.

　➕ 과거 표현인 '~하기 어려웠어(요)'는 동사 ます형에 にくかった(です)를 붙이면 돼요.

3 회화 말하기

[도서관에서 과제 중인 야마다와 민희]

야마다　**その ろんぶん、むずかしい？**

민희　**はい、わたしには ちょっと**
*には는 우리말의 '~에게는'에 해당하는 조사예요.

　よみにくいです。

야마다　그 논문, 어려워?
민희　네, 저에게는 조금 읽기 어려워요.

その 그	ろんぶん 논문	むずかしい 어렵다
わたし 저, 나	~には ~에게는	ちょっと 조금
よむ 읽다		

4 직접 말하기

엄마　학교에서 무엇이 제일 어려워?
　がっこうで なにが いちばん むずかしい？

나　영어가 제일 알기 어려워요.
　えいごが いちばん わかりにくいです。

がっこう 학교　~で ~에서　なにが 무엇이　いちばん 제일　むずかしい 어렵다　えいご 영어　~が ~이/가　わかる 알다

　↳ 영어가 제일 배우기 어려워요.　#ならう 배우다

　えいごが いちばん ならいにくいです。

　↳ 영어가 제일 외우기 어려워요.　#おぼえる 외우다

　えいごが いちばん おぼえにくいです。

　↳ 영어가 제일 공부하기 어려워요.　#べんきょうする 공부하다

　えいごが いちばん べんきょうしにくいです。

1 문장 듣고 따라 말하기

Track08-07

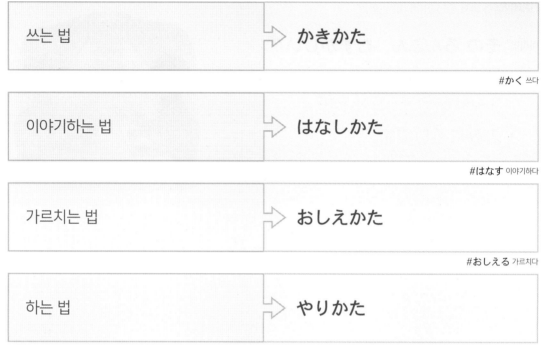

| 쓰는 법 | ⇨ | かきかた |

#かく 쓰다

| 이야기하는 법 | ⇨ | はなしかた |

#はなす 이야기하다

| 가르치는 법 | ⇨ | おしえかた |

#おしえる 가르치다

| 하는 법 | ⇨ | やりかた |

#やる 하다

2 문형 이해하기

❶ 동사를 ます형으로 바꾸고 かた를 붙이면 '~하는 법'이라는 뜻이 돼요.

❷ 1그룹 동사는 어미(꼬리)를 '우단'에서 'い단'으로 바꾸고 かた를 붙이면 돼요.

❸ 2그룹 동사는 어미(꼬리) る를 떼고 かた를 붙이면 돼요.

❹ 3그룹 동사는 する → しかた(하는 법), くる → きかた(오는 법)예요.

➕ 동사 ます형의 かた는 명사와 같아서 뒤에 です를 붙이면 '~(하는)법 입니다'라는 뜻이 돼요.

➕ 동사 ます형의 かた 뒤에 ~が わかる를 붙이면 '~(하는)법을 알다'라는 뜻이 돼요.

예 いきかたが わかる。가는 법을 알다.

3 회화 말하기

[스터디 중인 야마다와 민희]

야마다 　この じこしょうかいの
　　　　 かきかた、わかる？

민희 　　 はい、わかります。

야마다 　이 자기소개서 쓰는 법, 알아?
민희 　　네, 알아요.

この 이	**じこしょうかい** 자기소개서
～の ~의	**かく** 쓰다　　**わかる** 알다

4 직접 말하기

나　이거, 만드는 법 알아?
　　これ、つくりかた わかる？

　　↳ 이거, 사용하는 법 알아?　#つかう 사용하다
　　　これ、つかいかた わかる？

　　↳ 이거, 읽는 법 알아?　#よむ 읽다
　　　これ、よみかた わかる？

　　↳ 이거, 여는 법 알아?　#あける 열다
　　　これ、あけかた わかる？

후배　아니요, 몰라요.
　　　いいえ、わかりません。

これ 이것　**つくる** 만들다　**わかる** 알다

1 문장 듣고 따라 말하기

Track08-10

마시러 가요.	⇨ のみに いきます.

#のむ 마시다

쉬러 가요.	⇨ やすみに いきます.

#やすむ 쉬다

만나러 가요.	⇨ あいに いきます.

#あう 만나다

자러 가요.	⇨ ねに いきます.

#ねる 자다

2 문형 이해하기

❶ 동사를 ます형으로 바꾸고 に いきます를 붙이면 '~하러 가요'라는 뜻의 목적을 나타내는 말이 돼요.

❷ 1그룹 동사는 어미(꼬리)를 'う단'에서 'い단'으로 바꾸고 に いきます를 붙이면 돼요.

❸ 2그룹 동사는 어미(꼬리) る를 떼고 に いきます를 붙이면 돼요.

❹ 3그룹 동사는 する → しに いきます(하러 가요)예요.

❺ '~하러 가'처럼 반말로 말하고 싶을 때는 に いく를 붙이면 돼요.

　예　たべに いく。 먹으러 가.

　✚　'~하러 가고 싶어'처럼 희망 표현으로 말하고 싶을 때는 に いきたい를 붙이면 돼요.

　✚　'~하러 갑시다'처럼 권유형으로 말하고 싶을 때는 に いきましょう를 붙이면 돼요.

3 회화 말하기

[쉬는 시간에 야마다와 민희]

야마다 **どこに いく？**

민희 **コーヒーを のみに いきます。**

いっしょに いきませんか？

야마다 어디에 가?

민희 커피를 마시러 가요. 같이 가지 않을래요?

どこ 어디	**〜に** ~에	**いく** 가다
コーヒー 커피	**〜を** ~을/를	**のむ** 마시다
いっしょに 같이		

4 직접 말하기

아빠
토요일, 무엇을 해?
どようび、なにを する？

나
친구와 공부하러 가요.
ともだちと べんきょうしに いきます。

どようび 토요일　**なにを** 무엇을　**する** 하다　**ともだち** 친구　**と** ~와/과　**べんきょうする** 공부하다

↳ 친구와 수영하러 가요.　#およぐ 수영하다

ともだちと およぎに いきます。

↳ 친구와 가방을 사러 가요.　#かばん 가방 #〜を ~을/를 #かう 사다

ともだちと かばんを かいに いきます。

↳ 친구와 영화를 보러 가요.　#えいが 영화 #〜を ~을/를 #みる 보다

ともだちと えいがを みに いきます。

1 음성을 잘 듣고, 올바른 단어를 고른 뒤 뜻을 써 보세요.

Track08-13

いきやすい　　　ならいにくい　　　つかいかた

1) ＿＿＿＿＿＿＿＿＿＿＿＿＿＿＿＿ (뜻 :　　　　　　　　　　　)

2) ＿＿＿＿＿＿＿＿＿＿＿＿＿＿＿＿ (뜻 :　　　　　　　　　　　)

3) ＿＿＿＿＿＿＿＿＿＿＿＿＿＿＿＿ (뜻 :　　　　　　　　　　　)

2 문장을 읽고 뜻을 써 보세요.

1) いま、たべに いきます。(뜻 :　　　　　　　　)

2) これ、わかりやすいです。(뜻 :　　　　　　　　)

3) この ほうこくしょ、かきにくいです。(뜻 :　　　　　　　　)

3 한국어 뜻을 보고 빈칸에 들어갈 적절한 것을 골라 문장을 완성하세요.

1) 일본어는 배우기 쉬워요.

　→ にほんごは（　　　）。

　① ならいやすいです　　② ならいにくいです　　③ ならいかた

2) 오늘, 만나러 가요?

　→ きょう、あい（　　　）いきますか。

　① と　　　　　　　② で　　　　　　　③ に

3) 이것은 외우기 쉬워요.

　→ これは おぼえ（　　　）です。

　① やすい　　　　　② にくい　　　　　③ かた

4) 같이 먹으러 가요.

　→ いっしょに（　　　）いきましょう。

　① たべます　　　　② たべ　　　　　　③ たべに

단어 쓰기 연습 ✏️

およぐ				
수영하다				

ろんぶん				
논문				

かく				
쓰다				

はなす				
이야기하다				

おぼえる				
외우다				

つくる				
만들다				

どようび				
토요일				

갈 수 있어.

いける。

문형 1

~할 수 있어.

동사 가능형 。

스터디에 참가해?
べんきょうかいに さんかする？

응, 갈 수 있어.
うん、いける。

시간, 괜찮아요?
じかん、だいじょうぶですか？

네, 만날 수 있어요.
はい、あえます。

문형 2

~할 수 있어요.

동사 가능형 ます。

오늘은 동사의 활용형 중 하나인 가능형을 만드는 방법과 '~할 수 있어', '~할 수 있어요', '~할 수 없어요', '~할 수 있었어요'를 말하는 법을 배울 거예요.

문형 3

~할 수 없어요.

————————————

[동사 가능형] ません。

지금 할 수 있어?
いま できる？

바로는 만들 수 없어요.
すぐは つくれません。

발표는 좋았어?
はっぴょうは よかった？

잘 끝낼 수 있었어요.
よく すませました。

문형 4

~할 수 있었어요.

————————————

[동사 가능형] ました。

1 문장 듣고 따라 말하기

Track09-01

| 갈 수 있어. | ⇨ | いける。 |

#いく 가다

| 나갈 수 있어. | ⇨ | でられる。 |

#でる 나가다

| 바꿀 수 있어. | ⇨ | かえられる。 |

#かえる 바꾸다

| 할 수 있어. | ⇨ | できる。 |

#できる 할 수 있다 (する의 가능형)

2 문형 이해하기

❶ 동사를 가능형으로 만들면 '~할 수 있어'라는 뜻이 돼요.

❷ 1그룹 동사의 가능형은 어미(꼬리)인 'う단'을 'え단'으로 바꾸고 る를 붙이면 돼요.

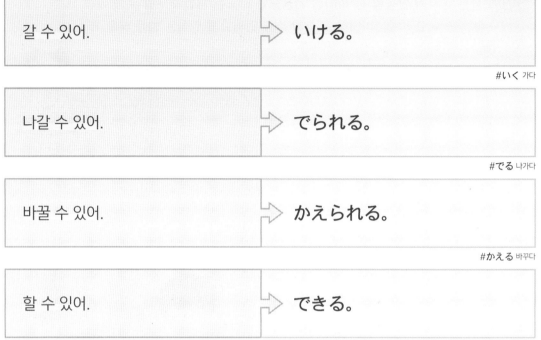

예 어미 う단 : う, く(ぐ), す, つ, ぬ, む, ぶ, る
　　　　　↓　↓　↓　↓　↓　↓　↓　↓
　어미 え단 : え, け(げ), せ, て, ね, め, べ, れ 로 바꾸고 る를 붙여요.

❸ 2그룹 동사의 가능형은 어미(꼬리) る를 떼고 られる를 붙이면 돼요.

예 たべる(먹다) → たべられる(먹을 수 있어)

❹ 3그룹 동사의 가능형은 する(하다) → できる(할 수 있어), くる(오다) → こられる(올 수 있어)예요. 3그룹 동사의 가능형은 어간이 변하기 때문에 꼭 암기가 필요해요.

❺ 문장 끝을 올려 말하면 묻는 말이 돼요.

예 たべられる↗。 먹을 수 있어?

3 회화 말하기

[복도에서 마주친 카오리와 야마다]

카오리 **きょう、べんきょうかいに さんかする？**

야마다 **うん、いける。**

카오리 오늘, 스터디에 참가해?
야마다 응, 갈 수 있어.

きょう 오늘　　べんきょうかい 스터디

～に ~에　　さんかする 참가하다　　いく 가다

4 직접 말하기

Track09-03

나 이 서류, 지금 할 수 있어?
この しょるい、いま できる？

↳ 이 서류, 지금 만들 수 있어?　#つくる 만들다
この しょるい、いま つくれる？

↳ 이 서류, 지금 고칠 수 있어?　#なおす 고치다
この しょるい、いま なおせる？

↳ 이 서류, 지금 보고할 수 있어?　#ほうこくする 보고하다
この しょるい、いま ほうこくできる？

동료 어, 가능해.
うん、できる。

この 이　しょるい 서류　いま 지금　できる 할 수 있다

1 문장 듣고 따라 말하기

Track09-04

만날 수 있어요.	⇨	あえます.

#あう 만나다

기다릴 수 있어요.	⇨	まてます.

#まつ 기다리다

방문할 수 있어요.	⇨	たずねられます.

#たずねる 방문하다

방문할 수 있어요.	⇨	ほうもんできます.

#ほうもんする 방문하다

2 문형 이해하기

❶ 동사를 가능형으로 만들고 어간에 ます를 붙이면 '~할 수 있어요'라는 뜻이 돼요.

  예 のむ(마시다) → のめる(마실 수 있어) → のめます(마실 수 있어요)

❷ 1그룹 동사는 어미(꼬리)인 'う단'을 'え단'으로 바꾸고 ます를 붙여요.

❸ 2그룹 동사는 어미(꼬리) る를 떼고 られます를 붙여요.

  예 たべる(먹다) → たべられます(먹을 수 있어요)

❹ 3그룹 동사는 する → できます(할 수 있어요), くる → こられます(올 수 있어요)예요.

❺ 문장 뒤에 か를 붙이면 '~할 수 있어요?'라는 뜻의 묻는 말이 돼요.

  예 たべられますか。먹을 수 있어요?

3 회화 말하기

[학생지원센터에 간 야마다]

직원 あした、きょうじゅと そうだんが
あります。
じかん、だいじょうぶですか？

야마다 はい、あえます。

직원	내일, 교수님과 상담이 있어요. 시간, 괜찮아요?
야마다	네, 만날 수 있어요.

あした 내일	きょうじゅ 교수	〜と 〜와/과
そうだん 상담	〜が 〜이/가	ある 있다
じかん 시간	だいじょうぶだ 괜찮다	あう 만나다

4 직접 말하기

> 스즈키 내일, 미팅에 갈 수 있어요?
> あした、ごうコンに いけますか？

> 나 네, 갈 수 있어요.
> はい、いけます。

あした 내일　ごうコン (단체) 미팅　〜に 〜에　いく 가다

↳ 좀 서두를 수 있어요? ちょっと いそげますか？	네, 서두를 수 있어요. #いそぐ 서두르다 はい、いそげます。
↳ 바로 할 수 있어요? すぐ できますか？	네, 할 수 있어요. #できる 할 수 있다 はい、できます。
↳ 빨리 올 수 있어요? はやく こられますか？	네, 올 수 있어요. #くる 오다 はい、こられます。

1 문장 듣고 따라 말하기

Track09-07

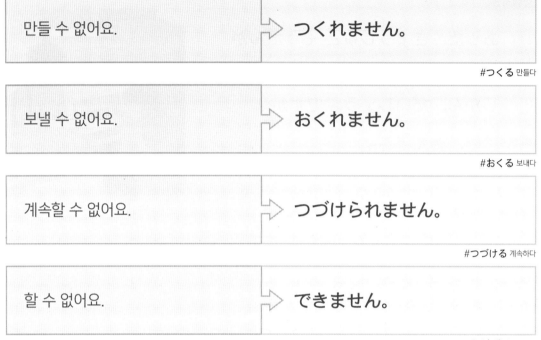

| 만들 수 없어요. | つくれません。 |

#つくる 만들다

| 보낼 수 없어요. | おくれません。 |

#おくる 보내다

| 계속할 수 없어요. | つづけられません。 |

#つづける 계속하다

| 할 수 없어요. | できません。 |

#できる 할 수 있다

2 문형 이해하기

❶ 동사를 가능형으로 만들고 어간에 **ません**을 붙이면 '~할 수 없어요'라는 뜻이 돼요.

　예 のむ(마시다) → のめる(마실 수 있어) → のめません(마실 수 없어요)

❷ 1그룹 동사는 어미(꼬리)인 'う단'을 'え단'으로 바꾸고 **ません**을 붙여요.

❸ 2그룹 동사는 어미(꼬리) る를 떼고 **られません**을 붙여요.

　예 たべる(먹다) → たべられません(먹을 수 없어요)

❹ 3그룹 동사는 **する → できません**(할 수 없어요), **くる → こられません**(올 수 없어요)이
에요.

❺ 반말 부정 표현인 '~할 수 없어'는 동사 가능형을 **ない**형으로 바꾸면 되는데, 동사 **ない**형
은 DAY10에서 배울 거예요.

3 회화 말하기

Track09-08

[스터디 모집에 대해 이야기 하는 야마다와 민희]

야마다 グループスタディーの もうしこみしょ、
        いま できる？

민희   すみません。いま すぐは
        つくれません。

야마다 그룹 스터디 신청서, 지금 할 수 있어?
민희   죄송해요. 지금 바로는 만들 수 없어요.

グループスタディー 그룹 스터디		**〜の** ~의
もうしこみしょ 신청서	**いま** 지금	**できる** 할 수 있다
すみません 죄송해요	**すぐは** 바로는	**つくる** 만들다

4 직접 말하기

Track09-09

선배 이 PPT, 빨리 만들 수 있어요?
      この PPT、はやく つくれますか？

나   아니요, 아직 만들 수 없어요.
      いいえ、まだ つくれません。

この 이 はやく 빨리 つくる 만들다 まだ 아직

빨리 건낼 수 있어요?   아니요, 아직 건넬 수 없어요. #わたす 건네다
はやく わたせますか？   いいえ、まだ わたせません。

빨리 전달할 수 있어요?   아니요, 아직 전달할 수 없어요. #つたえる 전달하다
はやく つたえますか？   いいえ、まだ つたえられません。

빨리 할 수 있어요?   아니요, 아직 할 수 없어요. #できる 할 수 있다
はやく できますか？   いいえ、まだ できません。

1 문장 듣고 따라 말하기

Track09-10

| 끝낼 수 있었어요. | ⇨ | すませました。 |

#すます 끝내다

| 외울 수 있었어요. | ⇨ | おぼえられました。 |

#おぼえる 외우다

| 계속할 수 있었어요. | ⇨ | つづけられました。 |

#つづける 계속하다

| 할 수 있었어요. | ⇨ | できました。 |

#できる 할 수 있다

2 문형 이해하기

❶ 동사를 가능형으로 만들고 어간에 ました를 붙이면 '~할 수 있었어요'라는 뜻이 돼요.

　예 のむ(마시다) → のめる(마실 수 있어) → のめました(마실 수 있었어요)

❷ 1그룹 동사는 어미(꼬리)인 'う단'을 'え단'으로 바꾸고 ました를 붙여요.

❸ 2그룹 동사는 어미(꼬리) る를 떼고 られました를 붙여요.

　예 たべる(먹다) → たべられました(먹을 수 있었어요)

❹ 3그룹 동사는 する → できました(할 수 있었어요), くる → こられました(올 수 있었어요)예요.

3 회화 말하기

[등굣길에 마주친 야마다와 민희]

야마다　きのうの　はっぴょうは　よかった？

민희　　はい。おかげさまで　よく　すませました。

야마다　어제 발표는 좋았어?
민희　　네. 덕분에 잘 끝낼 수 있었어요.

きのう 어제	～の ~의	はっぴょう 발표
～は ~은/는	いい 좋다	おかげさまで 덕분에
よく 잘	すます 끝내다	

4 직접 말하기

교수　스터디에서 무엇이 제일 좋았어요?
　　　べんきょうかいで　なにが　いちばん　よかったですか？

나　여러가지로 배울 수 있었어요.
　　いろいろと　ならえました。

べんきょうかい 스터디　～で ~에서　なにが 무엇이　いちばん 제일　いい 좋다　いろいろと 여러가지로　ならう 배우다

↳ 여러가지로 이야기할 수 있었어요.　#はなす 이야기하다

いろいろと　はなせました。

↳ 여러가지로 볼 수 있었어요.　#みる 보다

いろいろと　みられました。

↳ 여러가지로 검토할 수 있었어요.　#けんとうする 검토하다

いろいろと　けんとうできました。

1 음성을 잘 듣고, 올바른 단어를 고른 뒤 뜻을 써 보세요.

Track09-13

いけます　　　おぼえられる　　　まてました

1) _____ (뜻 :　　　　　　　　　　)

2) _____ (뜻 :　　　　　　　　　　)

3) _____ (뜻 :　　　　　　　　　　)

2 문장을 읽고 뜻을 써 보세요.

1) きのう、あえましたか。(뜻 :　　　　　　　　)

2) これ、できません。(뜻 :　　　　　　　　)

3) ぜんぶ おぼえられる。(뜻 :　　　　　　　　)

3 한국어 뜻을 보고 빈칸에 들어갈 적절한 것을 골라 문장을 완성하세요.

1) 일본에서 만날 수 있어요?

→ にほんで（　　　）か。

① あいます　　　　　② あえました　　　　③ あえます

2) 어제, 회사에 갈 수 있었어요?

→ きのう、かいしゃに い（　　　）か。

① きました　　　　　② ける　　　　　　　③ けました

3) 오늘은 할 수 있어요.

→ きょうは（　　　）。

① します　　　　　　② しません　　　　　③ できます

4) 일본어는 말할 수 있어요?

→ にほんごは（　　　）。

① はなします　　　　② はなせません　　　③ はなせますか

126

단어 쓰기 연습 ✏️

いそぐ				
서두르다				

まつ				
기다리다				

はなす				
이야기하다				

おぼえる				
외우다				

こられる				
올 수 있다				

できる				
할 수 있다				

あう				
만나다				

쉬지 않아.
やすまない。

문형
1

~하지 않아.

동사 ない형 ない。

내일, 쉬어?
あした、やすむ？

쉬지 않아.
やすまない。

왜 영화를 혼자서?
なぜ えいがを ひとりで？

혼자서 느긋하게 보고 싶었어. 그래서 부르지 않아.
ひとりで ゆっくり みたかった。
それで よばなかった。

문형
2

~하지 않았어.

동사 ない형 なかった。

오늘은 동사의 활용형 중 하나인 **ない형**을 만드는 방법과 **ない형**에 접속하는 부정, 과거 부정, 금지, 의무를 말하는 법을 배울 거예요. **ない**는 '~하지 않아'라는 뜻으로 부정형을 **ない형**이라고 말해요.

문형 3

~하지 말아주세요.

동사 ない형 **ないでください。**

여기에 앉지 말아주세요.
ここに すわらないでください。

오봉에 무엇을 해요?
おぼんに なにを しますか？

근무하지 않으면 안 돼요.
きんむしなければ ならないです。

문형 4

~하지 않으면 안 돼요.

동사 ない형 **なければ ならないです。**

1 문장 듣고 따라 말하기

Track10-01

쉬지 않아.	➡ やすまない。

#やすむ 쉬다

들르지 않아.	➡ よらない。

#よる 들르다

열지 않아.	➡ あけない。

#あける 열다

방문하지 않아.	➡ ほうもんしない。

#ほうもんする 방문하다

2 문형 이해하기

집중 강의 보기

❶ 동사를 ない형으로 만들면 '~하지 않아'라는 뜻이 돼요. 동사의 종류에 따라 어미(꼬리)를 바꿔서 만들어요.

❷ 1그룹 동사의 ない형은 어미(꼬리)를 'う단'에서 'あ단'으로 바꾸고 ない를 붙이면 돼요.

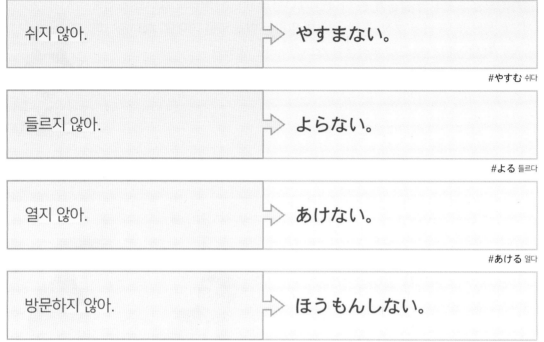

예 어미 う단 : う, く(ぐ), す, つ, ぬ, む, ぶ, る
　　　　　　 ↓　↓　　↓　 ↓　↓　 ↓　↓　 ↓
　 어미 あ단 : わ, か(が), さ, た, な, ま, ば, ら 로 바꾸고 ない를 붙여요.

➕ 동사 어미(꼬리)가 う인 경우에는 예외적으로 あ가 아니라 わ로 바꿔야 해요.

예 あう(만나다) → ああない(×) → あわない (○)

❸ 2그룹 동사의 ない형은 어미(꼬리) る를 떼고 ない를 붙이면 돼요.

예 たべる(먹다) → たべない(먹지 않아)

❹ 3그룹 동사의 ない형은 する(하다) → しない(하지 않아), くる(오다) → こない(오지 않아)예요.

3 회화 말하기

[탕비실에서 마주친 스즈키와 은정]

스즈키 **あした、やすむ？**

은정 **いや、やすまない。あさって やすむ。**

스즈키 내일, 쉬어?

은정 아니, 쉬지 않아. 모레 쉬어.

あした 내일　　**やすむ** 쉬다　　**あさって** 모레

4 직접 말하기

친구 이거 어때? 먹을래?

これ、どう？たべる？

나 아니, 먹지 않아(안 먹을래).

ううん、たべない。

これ 이것　**どう** 어때?　**たべる** 먹다

↳ 이거 어때? 마실래?　　　　　　　아니, 마시지 않아(안 마실래).　#**のむ** 마시다

　これ、どう？のむ？　　　　　　**ううん、のまない。**

↳ 이거 어때? 읽을래?　　　　　　　아니, 읽지 않아(안 읽을래).　#**よむ** 읽다

　これ、どう？よむ？　　　　　　**ううん、よまない。**

↳ 이거 어때? 바꿀래?　　　　　　　아니, 바꾸지 않아(안 바꿀래).　#**かえる** 바꾸다

　これ、どう？かえる？　　　　　　**ううん、かえない。**

1 문장 듣고 따라 말하기

Track10-04

부르지 않았어.	➡ よばなかった。

#よぶ 부르다

나가지 않았어.	➡ でなかった。

#でる 나가다

참가하지 않았어.	➡ さんかしなかった。

#さんかする 참가하다

오지 않았어.	➡ こなかった。

#くる 오다

2 문형 이해하기

❶ 동사 ない형의 어간에 なかった를 붙이면 '~하지 않았어'라는 뜻의 과거 부정 표현이 돼요.

❷ 1그룹 동사는 어미(꼬리)를 'う단'에서 'あ단'으로 바꾸고 なかった를 붙여요.

　예 いく(가다) → いかなかった(가지 않았어)

　➕ 어미(꼬리)가 う인 경우에는 あなかった가 아니라 わなかった로 바꿔야 해요.

❸ 2그룹 동사는 어미(꼬리) る를 떼고 なかった를 붙여요.

　예 たべる(먹다) → たべなかった(먹지 않았어)

❹ 3그룹 동사는 する → しなかった(하지 않았어), くる → こなかった(오지 않았어)예요.

❺ なかった뒤에 です를 붙이면 '~하지 않았어요'라는 뜻의 정중한 표현이 돼요.

　예 たべなかったです。 먹지 않았어요.

3 회화 말하기

Track10-05

[같은 버스로 출근하는 은정과 스즈키]

은정　きのう、なぜ えいがを ひとりで？

스즈키　きのうは ひとりで ゆっくり
　　　　みたかった。それで よばなかった。

은정　어제, 왜 영화를 혼자서?

스즈키　어제는 혼자서 느긋하게 보고 싶었어.
　　　　그래서 부르지 않았어.

きのう 어제	**なぜ** 왜	**えいが** 영화	**〜を** ~을/를
ひとりで 혼자서	**〜は** ~은/는	**ゆっくり** 느긋하게	**みる** 보다
それで 그래서	**よぶ** 부르다		

4 직접 말하기

Track10-06

의사　어제 늦게까지 마셨습니까?
　　　きのう おそくまで のみましたか？

나　마시지 않았습니다.
　　のまなかったです。

きのう 어제　**おそく** 늦게　**〜まで** ~까지　**のむ** 마시다

늦게까지 근무했습니까?
おそくまで つとめましたか？

근무하지 않았습니다.　#つとめる 근무하다
つとめなかったです。

늦게까지 먹었습니까?
おそくまで たべましたか？

먹지 않았습니다.　#たべる 먹다
たべなかったです。

늦게까지 운동했습니까?
おそくまで うんどうしましたか？

운동하지 않았습니다.　#うんどうする 운동하다
うんどうしなかったです。

1 문장 듣고 따라 말하기

Track10-07

앉지 말아주세요.	すわらないでください。

#すわる 앉다

서지 말아주세요.	たたないでください。

#たつ 서다

먹지 말아주세요.	たべないでください。

#たべる 먹다

하지 말아주세요.	しないでください。

#する 하다

2 문형 이해하기

❶ 동사 ない형의 어간에 ないでください를 붙이면 '~하지 말아주세요' 라는 뜻의 금지 표현
이에요.

❷ 1그룹 동사는 어미(꼬리)를 'う단'에서 'あ단'으로 바꾸고 ないでください를 붙여요.

　예 いく(가다) → いかないでください(가지 말아주세요)

　➕ 어미(꼬리)가 う인 경우에는 あ가 아니라 わ로 바꿔야 해요.

❸ 2그룹 동사는 어미(꼬리) る를 떼고 ないでください를 붙여요.

　예 たべる(먹다) → たべないでください(먹지 말아주세요)

❹ 3그룹 동사는 する → しないでください(하지 말아주세요), くる → こないでください
(오지 말아주세요)예요.

❺ ください를 떼고 ないで만 붙이면 '~하지 마'라는 뜻의 반말 표현이 돼요.

　예 たべないで。 먹지 마.

134

3 회화 말하기

[전철역에 있던 다나카]

역직원 **あ、ここに すわらないでください。**

다나카 **すみません。わかりました。**

역직원 아, 여기에 앉지 말아주세요.
다나카 죄송합니다. 알겠습니다.

ここ 여기	**~に** ~에	**すわる** 앉다
すみません 죄송합니다		**わかる** 알다

4 직접 말하기

동료 지금 퇴근합니다.
いま たいきんします。

나 먼저 하지 마. 같이 가자.
さきに しないで。いっしょに いこうよ。

いま 지금　**たいきんする** 퇴근하다　**さきに** 먼저　**する** 하다　**いっしょに** 같이　**いく** 가다

↳ 먼저 가지 마(말아주세요). 같이 가자.　#いく 가다

　さきに いかないで (ください)。いっしょに いこうよ。

↳ 먼저 나가지 마(말아주세요). 같이 가자.　#でる 나가다

　さきに でないで (ください)。いっしょに いこうよ。

↳ 먼저 출발하지 마(말아주세요). 같이 가자.　#しゅっぱつする 출발하다

　さきに しゅっぱつしないで (ください)。いっしょに いこうよ。

1 문장 듣고 따라 말하기

Track10-10

| 근무하지 않으면 안 돼요. | ⇨ | きんむしなければ ならないです。 |

#きんむする 근무하다

| 놀지 않으면 안 돼요. | ⇨ | あそばなければ ならないです。 |

#あそぶ 놀다

| 자지 않으면 안 돼요. | ⇨ | ねなければ ならないです。 |

#ねる 자다

| 출근하지 않으면 안 돼요. | ⇨ | しゅっきんしなければ ならないです。 |

#しゅっきんする 출근하다

2 문형 이해하기

❶ 동사 ない형의 어간에 なければ ならないです를 붙이면 '~하지 않으면 안 돼요'라는 뜻의 의무 표현이에요.

❷ 1그룹 동사는 어미(꼬리)를 'う단'에서 'あ단'으로 바꾸고 なければ ならないです를 붙여요.

　예 いく(가다) → いかなければ ならないです(가지 않으면 안 돼요)

　➕ 어미(꼬리)가 う인 경우에는 あ가 아니라 わ로 바꿔야 해요.

❸ 2그룹 동사는 어미(꼬리) る를 떼고 なければ ならないです를 붙여요.

　예 たべる(먹다) → たべなければ ならないです(먹지 않으면 안 돼요)

❹ 3그룹 동사는 する → しなければ ならないです(하지 않으면 안 돼요), くる → こなければ ならないです(오지 않으면 안 돼요)예요.

❺ です를 떼고 なければ ならない만 붙이면 반말이 돼요.

　예 たべなければ ならない。먹지 않으면 안 돼.

3 회화 말하기

Track10-11

[오봉 연휴를 앞둔 스즈키와 민수]

스즈키 **おぼんに なにを しますか？**

민수 **きんむしなければ ならないです。**

스즈키 오봉에 무엇을 해요?
민수 근무하지 않으면 안 돼요.

おぼん 오봉(우리나라의 추석과 비슷)　**～に** ~에(시간)

なにを 무엇을　　**する** 하다　　**きんむする** 근무하다

4 직접 말하기

Track10-12

스즈키 오늘은 무엇을 해요?
きょうは なにを しますか？

나 저녁밥을 만들지 않으면 안 돼요.
ゆうごはんを つくらなければ ならないです。

きょう 오늘　**～は** ~은/는　**なにを** 무엇을　**する** 하다　**ゆうごはん** 저녁밥　**～を** ~을/를　**つくる** 만들다

↳ 세탁기를 고치지 않으면 안 돼요.　#**せんたくき** 세탁기 #**なおす** 고치다

せんたくきを なおさなければ ならないです。

↳ 메일을 쓰지 않으면 안 돼요.　#**メール** 메일 #**かく** 쓰다

メールを かかなければ ならないです。

↳ 집을 청소하지 않으면 안 돼요.　#**いえ** 집 #**そうじする** 청소하다

いえを そうじしなければ ならないです。

Track10-13

1 음성을 잘 듣고, 올바른 단어를 고른 뒤 뜻을 써 보세요.

つとめなければ ならないです　やすまないです　しゅっぱつしない

1) _____ (뜻 :　　　　　　　　　　)

2) _____ (뜻 :　　　　　　　　　　)

3) _____ (뜻 :　　　　　　　　　　)

2 문장을 읽고 뜻을 써 보세요.

1) きょう、いかなければ ならないです。 (뜻 :　　　　　　　　　)

2) これ、たべなかった。 (뜻 :　　　　　　　　　)

3) あした、きんむしないでください。 (뜻 :　　　　　　　　　)

3 한국어 뜻을 보고 빈칸에 들어갈 적절한 것을 골라 문장을 완성하세요.

1) 일본어는 배우지 않아.

→ にほんごは (　　　)。

① ならいです　　　　② ならいましたか　　③ ならわない

2) 어제, 가지 않았어요?

→ きのう、いかなかった (　　　) か。

① です　　　　　② ない　　　　　③ ます

3) 오늘은 쉬지 않으면 안 돼요.

→ きょうは やす (　　　)。

① みます　　　　② みません　　　　③ まなければならないです

4) 밤 늦게까지 마시지 말아주세요.

→ よる おそくまで のまない (　　　)。

① あります　　　　② でください　　　③ ください

단어 쓰기 연습 ✎

たいきん 퇴근				

はじめる 시작하다				

よむ 읽다				

すわる 앉다				

たつ 서다				

かく 쓰다				

つくる 만들다				

발을 밟혔어.
足を 踏まれたよ。

무슨 일이야?

どうしたの？

문형 1

~해졌어.

동사 ない형 (ら)れた。

발을 밟혔어.

足を 踏まれたよ。

오늘은 '~해지다'라는 뜻의 동사의 수동형을 배울 거예요. 수동형은 사람이나 물건이 다른 동작이나 작용에 의해 영향을 받는 것을 나타내는 표현이에요. 예로, 동사 '먹다'의 수동형은 '먹히다'예요. 수동형은 동사 **ない형**에 **れる**, **られる**를 붙여서 만들어요.

문형
2

~해져요.

──────────

동사 ない형 （ら）れます。

새로운 카페가 오픈돼요.
新しい カフェが
あたら
オープンされますよ。

식당에 가요?
食堂に 行きますか？
しょくどう　　い

문형
3

~해졌어요.

──────────

동사 ない형 （ら）れました。

아니요, 갑자기 교수님에게 불려졌어요.
いいえ、急に 教授に 呼ばれました。
きゅう　きょうじゅ　よ

1 문장 듣고 따라 말하기

Track11-01

| 밟혔어. | ⇨ 踏^ふまれた。 |

#踏(ふ)む 밟다

| 찧었어. | ⇨ うたれた。 |

#うつ (무릎이나 팔을) 찧다

| 부딪혔어. | ⇨ ぶつけられた。 |

#ぶつける 부딪치다

| 찔렸어. | ⇨ さされた。 |

#さす 찌르다

2 문형 이해하기

❶ '~해지다'는 수동형 표현이에요. 수동형은 행동의 영향을 받는 입장에 있을 때 사용하는 동사 형태예요. 동사 **ない**형에서 **ない**를 떼고 **れる**, **られる**를 붙여요.

❷ '~해졌어'는 수동형의 과거 표현으로, 수동형의 **れる**, **られる**에서 **る**를 떼고 **た**를 붙여요. 과거형은 DAY13에서 자세히 학습할 거예요.

❸ 1그룹 동사는 어미(꼬리)를 '**う단**'에서 '**あ단**'으로 바꾸고 **れる**, **れた**를 붙여요.
  예 書^かく(쓰다) → 書^かかれる(쓰여지다) → 書^かかれた(쓰여졌다)

❹ 2그룹 동사는 **ない**형에서 **ない**를 떼고(꼬리 **る**를 떼고) **られる**, **られた**를 붙여요.
  예 食^たべる(먹다) → 食^たべられる(먹히다) → 食^たべられた(먹혔다)

❺ 3그룹 동사는 **する**(하다) → **された**(해졌어), **くる**(오다) → **こられた**(와졌어)예요.

❻ **れる**, **られる**는 2그룹 동사 활용을 하기 때문에 반말 부정은 **る**를 떼고 **ない**를 붙여요.
  예 開^{ひら}く(열다) → 開^{ひら}かれる(열리다) → 開^{ひら}かれない(열리지 않는다)

3 회화 말하기

[카오리의 신발을 본 야마다]

야마다　靴、どうしたの？汚いね。

카오리　地下鉄で 足を 踏まれたよ。

야마다　あ、そう。痛くなかった？

카오리　あまり 痛くないよ。きぶんが 悪い。

야마다　신발, 무슨 일이야? 지저분하네.
카오리　지하철에서 발을 밟혔어.
야마다　아, 그렇구나. 아프지 않았어?
카오리　그다지 아프지 않아. 기분이 나빠.

靴 신발　　　　どうしたの 무슨 일이야?
汚い 지저분하다　地下鉄 지하철　　足 발
踏む 밟다　　　　痛い 아프다　　あまり 그다지
きぶん 기분　　　悪い 나쁘다

4 직접 말하기

친구　야구 시합은 재미있었어?
　　　野球の 試合は おもしろかった？

나　비가 와서 도중에 연기 되었어.
　　あめが ふって 途中で 延期された。

野球 야구　試合 시합　おもしろい 재미있다　あめが ふる 비가 오다　途中で 도중에　延期する 연기하다

↳ 비가 와서 도중에 멈춰졌어.　#とめる 멈추다

　　あめが ふって 途中で とめられた。

↳ 비가 와서 도중에 중지 되었어.　#中止(ちゅうし)する 중지하다

　　あめが ふって 途中で 中止された。

1 문장 듣고 따라 말하기

Track11-04

열려요.	➡ 開かれます。

#開(ひら)く 열다

시작돼요.	➡ はじめられます。

#はじめる 시작하다

오픈돼요.	➡ オープンされます。

#オープンする 오픈하다

준비돼요.	➡ 準備されます。

#準備(じゅんび)する 준비하다

2 문형 이해하기

❶ '~해져요'는 수동형의 정중 표현이에요. 수동형(동사 ない형에서 ない를 떼고 れる, られる)에 ます를 붙여서 れます, られます를 만들면 돼요.

❷ 1그룹 동사는 어미(꼬리)를 'う단'에서 'あ단'으로 바꾸고 れます를 붙여요.

　예 開く(열다) → 開かれる(열리다) → 開かれます(열립니다)

❸ 2그룹 동사는 ない형에서 ない를 떼고(꼬리 る를 떼고) られます를 붙여요.

　예 ほめる(칭찬하다) → ほめられる(칭찬 받다) → ほめられます(칭찬 받습니다)

❹ 3그룹 동사는 する → されます(해져요), くる → こられます(와져요)예요.

3 회화 말하기

[공사 중인 건물 앞을 지나는 민희와 야마다]

민희 ここに 新_{あたら}しい カフェが オープンされますよ。

야마다 そう？どんな カフェ？

민희 ペットと 行_いける カフェです。

야마다 それ、いいね。ぼくも 犬_{いぬ}と

ぜったい 行_いきたいな。

*な는 종조사로 '~이네' 또는 '~구나'라는 뜻이에요.

민희 여기에 새로운 카페가 오픈돼요.
야마다 그래? 무슨 카페?
민희 반려동물과 갈 수 있는 카페예요.
야마다 그거, 좋네. 나도 강아지와 꼭 가고 싶네.

ここ 여기	新_{あたら}しい 새로운	カフェ 카페
オープンする 오픈하다		どんな 어떤
ペット 반려동물	行_いく 가다	いい 좋다
ぼく 나	犬_{いぬ} 강아지, 개	ぜったい 꼭

4 직접 말하기

후배 공사중이네요. 무슨 공사예요?
工事中_{こうじちゅう}ですね。何_{なん}の 工事_{こうじ}ですか？

나 도서관이 세워져요.
図書館_{としょかん}が 建_たてられます。

工事中_{こうじちゅう} 공사중   何_{なん}の 무슨   図書館_{としょかん} 도서관   建_たてる 세우다

↳ 도서관이 확장돼요.   #広(ひろ)げる 확장하다
図書館_{としょかん}が 広_{ひろ}げられます。

↳ 새로운 도서관이 공개돼요.   #公開(こうかい)する 공개하다
新_{あたら}しい 図書館_{としょかん}が 公開_{こうかい}されます。

1 문장 듣고 따라 말하기

Track11-07

| 불려졌어요(불리게 되어졌어요). | ⇨ | 呼ばれました。 |

#呼(よ)ぶ 부르다

| 가졌어요(가게 되어졌어요). | ⇨ | 行かれました。 |

#行(い)く 가다

| 그만두어졌어요(그만두게 되어졌어요). | ⇨ | やめられました。 |

#やめる 그만두다

| 와졌어요(오게 되어졌어요). | ⇨ | 来られました。 |

#来(く)る 오다

2 문형 이해하기

❶ '~해졌어요'는 수동형의 과거 정중 표현이에요. 수동형(동사 ない형에서 ない를 떼고 れる, られる)에 ました를 붙여서 れました, られました를 만들면 돼요.

❷ 1그룹 동사는 어미(꼬리)를 'う단'에서 'あ단'으로 바꾸고 れました를 붙여요.
  예 開く(열다) → 開かれる(열리다) → 開かれました(열렸습니다)

❸ 2그룹 동사는 ない형에서 ない를 떼고(꼬리 る를 떼고) られました를 붙여요.
  예 食べる(먹다) → 食べられる(먹히다) → 食べられました(먹혔습니다)

❹ 3그룹 동사는 する → されました(해졌어요), くる → こられました(와졌어요)예요.

3 회화 말하기

[서둘러 어딘가로 가는 민희]

카오리　今、食堂に 行きますか？

민희　いいえ、急に 教授に 呼ばれました。

카오리　なぜですか？

민희　それは よく わかりません。
　　　今 すぐ 行きます。

카오리	지금, 식당에 가요?
민희	아니요, 갑자기 교수님에게 불려졌어요.
카오리	왜요?
민희	그것은 잘 모르겠어요. 지금 바로 갑니다.

今 지금　食堂 식당　行く 가다
急に 갑자기　教授 교수님　呼ぶ 부르다
なぜ 왜　それ 그것　よく 잘
わかる 알다　すぐ 바로, 곧

4 직접 말하기

다나카　어디 안 좋아요? 표정이 어둡네요.
　　　どこか 悪いですか？表情が 暗いですね。

나　전철 안에서 발을 밟혔어요.
　　電車の なかで 足を 踏まれました。

どこか 어디　悪い 나쁘다　表情が 暗い 표정이 어둡다　電車 전철　なか 안　足 발　踏む 밟다

↳ 전철 안에서 사람들에게 밀쳐졌어요.　#人々(ひとびと) 사람들 #押(お)す 밀치다
　　電車の なかで 人々に 押されました。

↳ 전철 안에서 옆 사람에게 부딪혀졌어요.　#横(よこ)の 人(ひと) 옆 사람 #ぶつける 부딪치다
　　電車の なかで 横の 人に ぶつけられました。

1 음성을 잘 듣고, 올바른 단어를 고른 뒤 뜻을 써 보세요.

押_おされます　　　行_いかれました　　　準備_{じゅんび}された

1) _____ (뜻 :　　　　　　　　　　　　)

2) _____ (뜻 :　　　　　　　　　　　　)

3) _____ (뜻 :　　　　　　　　　　　　)

2 문장을 읽고 뜻을 써 보세요.

1) きのう、開_{ひら}かれました。(뜻 :　　　　　　　　　　　)

2) 足_{あし}を 踏_ふまれました。(뜻 :　　　　　　　　　)

3) きょう、行_いかれます。(뜻 :　　　　　　　　　　　)

3 한국어 뜻을 보고 빈칸에 들어갈 적절한 것을 골라 문장을 완성하세요.

1) 연기돼요.
→ 延期_{えんき}（　　　）。
① されです　　　　　② されました　　　③ されます

2) 오늘, 갑자기 열렸어요(열리게 되어졌어요).
→ きょう、急_{きゅう}に（　　　）。
① 開_{ひら}きます　　　② 開_{ひら}きました　　③ 開_{ひら}かれました

3) 사장님에게 불려지다.
→ しゃちょうに（　　　）。
① 呼_よびます　　　② 呼_よばれる　　　③ 呼_よびになる

4) 오픈되다.
→ オープソ（　　　）。
① します　　　　　② しません　　　　③ される

단어 쓰기 연습 ✏

踏<ruby>む</ruby> ふ 踏む				
밟다				

じゅん び 準備				
준비				

ひら 開く				
열다				

ぬす 盗む				
훔치다				

まか 任せる				
맡기다				

もど 戻る				
돌아가다				

たのむ				
부탁하다				

귀가 길에 가게 했어.
帰りに 行かせた。

かえ
い

문형 1

~하게 했어.

동사 ない형 (さ)せた。

우유를 사러 가니?
牛乳を 買いに 行く？

남동생에게 귀가 길에 가게 했어.
弟に 帰りに 行かせた。

오늘은 '~하게 하다'라는 뜻의 동사의 사역형을 배울 거에요. 사역형은 상대에게 어떤 행동이나 역할을 시키는 표현을 말해요. 사역형은 동사 **ない형**에 **せる**, **させる**를 붙여서 만들어요.

팀원 한 명을 가게 합니다.

チーム員の ひとりを 行かせます。

내일 안전교육은?

あしたの 安全教育は？

~하게 해요.

동사 ない형 **(さ)せます。**

집안일은 어떻게 해?

家事は どう する？

~하게 했어요.

동사 ない형 **(さ)せました。**

여동생에게 방을 정리하게 했어요.

妹に 部屋を かたづけさせました。

1 문장 듣고 따라 말하기

 Track12-01

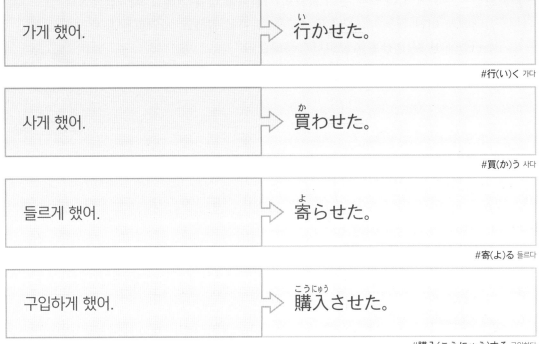

| 가게 했어. | ⇨ | 行かせた。 |

#行(い)く 가다

| 사게 했어. | ⇨ | 買わせた。 |

#買(か)う 사다

| 들르게 했어. | ⇨ | 寄らせた。 |

#寄(よ)る 들르다

| 구입하게 했어. | ⇨ | 購入させた。 |

#購入(こうにゅう)する 구입하다

2 문형 이해하기

❶ '~하게 하다'는 사역형 표현이에요. 사역형은 상대에게 어떤 행동을 하게 시킬 때 사용하는 동사 형태예요. 동사 ない형에서 ない를 떼고 せる, させる를 붙여요.

❷ '~하게 했어'는 사역형의 과거 표현이에요. 사역형의 せる, させる에서 る를 떼고 た를 붙여요. 과거형은 DAY13에서 자세히 학습할 거예요.

❸ 1그룹 동사는 어미(꼬리)를 'う단'에서 'あ단'으로 바꾸고 せる, せた를 붙여요.
   예 書く(쓰다) → 書かせる(쓰게 하다) → 書かせた(쓰게 했다)

❹ 2그룹 동사는 동사 ない형에서 ない를 떼고(꼬리 る를 떼고) させる, させた를 붙여요.
   예 食べる(먹다) → 食べさせる(먹게 하다) → 食べさせた(먹게 했다)

❺ 3그룹 동사는 する(하다) → させた(하게 했어), くる(오다) → こさせた(오게 했어)예요.

❻ せる, させる는 2그룹 동사 활용을 하기 때문에 반말 부정은 る를 떼고 ない를 붙여요.
   예 行く(가다) → 行かせる(가게 하다) → 行かせない(가게 하지 않는다)

152

3 회화 말하기

[집을 나서려던 스즈키]

엄마 今 牛乳を 買いに 行く？

스즈키 いいえ、弟に 帰りに 行かせた。

엄마 何時 ごろ 来るかな？

*かな는 종조사로 '~려나' 또는 '~일까'라는 뜻의 가벼운 의문을 나타내요.

스즈키 よく わかりません。

엄마	지금 우유를 사러 가니?
스즈키	아니요, 남동생에게 귀가 길에 가게 했어.
엄마	몇 시쯤 오려나?
스즈키	잘 모르겠어요.

今 지금　　牛乳 우유　　買う 사다
行く 가다　　弟 남동생　　帰り 귀가 길
何時 몇 시　　～ごろ ~쯤　　来る 오다
よく 잘　　わかる 알다

4 직접 말하기

동료 전의 회사는 힘들었어?
前の 会社は 大変だった？

나 정말로 힘들었어. 너무 많이 일을 하게 했어.
本当に 大変だった。とても たくさん 仕事を させた。

前 전, 앞　　会社 회사　　大変だ 힘들다　　本当に 정말로　　とても 너무　　たくさん 많이　　仕事 일　　する 하다

↳ 정말로 힘들었어. 너무 많이 출장가게 했어.　#出張 (しゅっちょう)に 行(い)く 출장가다
本当に 大変だった。とても たくさん 出張に 行かせた。

↳ 정말로 힘들었어. 너무 많이 야근하게 했어.　#残業 (ざんぎょう)する 야근하다
本当に 大変だった。とても たくさん 残業させた。

1 문장 듣고 따라 말하기

Track12-04

| 가게 해요. | ⇨ | 行かせます。 |

#行(い)く 가다

| 배우게 해요. | ⇨ | 習わせます。 |

#習(なら)う 배우다

| 받게 해요. | ⇨ | 受けさせます。 |

#受(う)ける 받다

| 준비하게 해요. | ⇨ | 準備させます。 |

#準備(じゅんび)する 준비하다

2 문형 이해하기

❶ '~하게 해요'는 사역형의 정중 표현이에요. 사역형(동사 ない형에서 ない를 떼고 せる, させる)에 ます를 붙여서 せます, させます를 만들면 돼요.

❷ 1그룹 동사는 어미(꼬리)를 'う단'에서 'あ단'으로 바꾸고 せます를 붙여요.

　예 行く(가다) → 行かせる(가게 하다) → 行かせます(가게 합니다)

❸ 2그룹 동사는 ない형에서 ない를 떼고(꼬리 る를 떼고) させます를 붙여요.

　예 食べる(먹다) → 食べさせる(먹게 하다) → 食べさせます(먹게 합니다)

❹ 3그룹 동사는 する → させます(하게 해요), くる → こさせます(오게 해요)예요.

❺ '~하게 해요?'라고 물어볼 때는 せます, させます 뒤에 か를 붙이면 돼요.

　예 食べさせますか。 먹게 해요?

3 회화 말하기

[다나카에게 보고 중인 은정]

다나카 あしたの 安全教育は？

은정 チーム員の ひとりを 行かせます。

다나카 はい、わかりました。
今回も よろしく。

다나카 내일 안전교육은?
은정 팀원 한 명을 가게 합니다(보냅니다).
다나카 네, 알겠습니다. 이번에도 잘 부탁해요.

あした 내일	安全教育 안전교육	チーム員 팀원
ひとり 한 명	行く 가다	わかる 알다
今回 이번	よろしく 잘 부탁해	

4 직접 말하기

야마다 무슨 일 있어요? 괜찮아요?
どうしましたか？だいじょうぶですか？

나 남자 친구가 연락을 많이 기다리게 해요.
彼氏が 連絡を たくさん 待たせます。

どうしましたか 무슨 일 있어요? だいじょうぶだ 괜찮다 彼氏 남자 친구 連絡 연락 たくさん 많이 待つ 기다리다

↳ 상사가 술을 많이 마시게 해요. #上司(じょうし) 상사 #お酒(さけ) 술 #飲(の)む 마시다
上司が お酒を たくさん 飲ませます。

↳ 교수님이 과제를 갑자기 서두르게 해요. #教授(きょうじゅ) 교수님 #課題(かだい) 과제
#急(きゅう)に 갑자기 #急(いそ)ぐ 서두르다
教授が 課題を 急に 急がせます。

1 문장 듣고 따라 말하기

Track12-07

| 세탁물을 개게 했어요. | ⇒ | ^{せんたくもの}洗濯物を たたませました. |

#洗濯物(せんたくもの)を たたむ 세탁물을 개다

| 설거지를 하게 했어요. | ⇒ | ^{さら}皿を あらわせました. |

#皿(さら)を あらう 설거지를 하다

| 방을 정리하게 했어요. | ⇒ | ^{へ や}部屋を かたづけさせました. |

#部屋(へや)を かたづける 방을 정리하다

| 책장을 정리하게 했어요. | ⇒ | ^{ほんだな}本棚を ^{せい り}整理させました. |

#本棚(ほんだな)를 整理(せいり)する 책장을 정리하다

2 문형 이해하기

❶ '~하게 했어요'는 사역형의 과거 정중 표현이에요. 사역형(동사 ない형에서 ない를 떼고 せる, させる)에 ました를 붙여서 せました, させました를 만들면 돼요.

❷ 1그룹 동사는 어미(꼬리)를 'う단'에서 'あ단'으로 바꾸고 せました를 붙여요.

  예 ^い行く(가다) → ^い行かせる(가게 하다) → ^い行かせました(가게 했습니다)

❸ 2그룹 동사는 동사 ない형에서 ない를 떼고(꼬리 る를 떼고) させました를 붙여요.

  예 ^た食べる(먹다) → ^た食べさせる(먹게 하다) → ^た食べさせました(먹게 했습니다)

❹ 3그룹 동사는 する → させました(하게 했어요), くる → こさせました(오게 했어요)예요.

3 회화 말하기

[스즈키 어머니의 안부를 묻는 민수]

민수 　お母さん、入院して 大変だね。
　　　家事は どう する？

스즈키 　妹に 部屋を かたづけさせました。

민수 　へえ～、ほかの 家事は？

스즈키 　ほかは ぜんぶ 弟に 任せました。

민수	어머니, 입원해서 큰일이네.
	집안일은 어떻게 해?
스즈키	여동생에게 방을 정리하게 했어요.
민수	그렇구나~, 다른 집안일은?
스즈키	다른 것은 전부 남동생에게 맡겼어요.

お母さん 어머니　**入院する** 입원하다　**大変だ** 큰일이다　**家事** 집안일

どう 어떻게　**する** 하다　**妹** 여동생　**部屋** 방

かたづける 정리하다　**ほか** 다른 것　**ぜんぶ** 전부

弟 남동생　**任せる** 맡기다

4 직접 말하기

남동생은 지금 어디에 있어?
이모 　弟は 今 どこに いる？

대신 심부름에 가게 했어요.
나 　かわりに お使いに 行かせました。

弟 남동생　**今** 지금　**どこに** 어디에　**いる** 있다　**かわりに** 대신에　**お使い** 심부름　**行く** 가다

↳ 대신 본가에 방문하게 했어요.　#実家(じっか) 본가 #たずねる 방문하다
　 かわりに 実家に たずねさせました。

↳ 대신 요리를 하게 했어요.　#料理(りょうり) 요리 #する 하다
　 かわりに 料理を させました。

Track12-10

1 음성을 잘 듣고, 올바른 단어를 고른 뒤 뜻을 써 보세요.

行^いかせます　　たんとうさせました　　受^うけさせる

1) _____ (뜻 : 　　　　　　　　　　)

2) _____ (뜻 : 　　　　　　　　　　)

3) _____ (뜻 : 　　　　　　　　　　)

2 문장을 읽고 뜻을 써 보세요.

1) さき、 かたづけさせました。 (뜻 : 　　　　　　　　　)

2) わたしを 待^またせました。 (뜻 : 　　　　　　　　)

3) さんかさせました。 (뜻 : 　　　　　　　　　)

3 한국어 뜻을 보고 빈칸에 들어갈 적절한 것을 골라 문장을 완성하세요.

1) 남동생을 먼저 집으로 가게 하다.

→ 弟^{おとうと}を さきに 家^{いえ}に 行^いか（　　　）。

① せられる　　　　　② せる　　　　　③ られる

2) 오늘 오후에 방문하게 합니까?

→ きょうの 午後^{ごご}に たずね（　　　）か。

① させます　　　　　② ます　　　　　③ られます

3) 오늘은 쉬게 했습니다.

→ きょうは （　　　）。

① 休^{やす}まれます　　② 休^{やす}まれません　　③ 休^{やす}ませました

4) 부장님은 자주 나를 출장가게 합니다.

→ ふちょうは よく わたしを 出張^{しゅっちょう}に 行^いか（　　　）。

① れます　　　　　② せます　　　　　③ ないです

단어 쓰기 연습 ✏️

きょういく **教育**				
교육				

こんかい **今回**				
이번				

れんらく **連絡**				
연락				

せいり **整理する**				
정리하다				

さら **皿**				
접시				

あら **洗う**				
씻다				

たずねる				
방문하다				

쇼핑하러 나왔어.
買い物に 出たよ。

~했어.

동사 た형 た。

지금 집에 있어요?
今 家に いますか？

쇼핑하러 나왔어.
買い物に 出たよ。

오늘은 '~했다'라는 뜻의 과거 시제 표현인 동사 た형을 배울 거예요. た형은 과거에 있었던 일을 말할 때 사용하는데, 1, 2, 3그룹 동사의 종류에 따라 만드는 방법이 달라요. 이번 Day에서는 동사의 종류에 따른 た형 만드는 방법과 た형에 붙이는 '~한 적이 있어'라는 뜻의 경험을 나타내는 표현, '~한 뒤(후)'라는 뜻 순서를 나타내는 표현을 배워 볼게요.

너무 맛있었어.
とても おいしかったよ。

나도 먹은 적이 있어.
わたしも 食べた ことが ある。

문형 2

~한 적이 있어.

동사 た형　た ことが ある。

문형 3

~한 뒤(후)

동사 た형　た あと

어딘가 가요?
とこか 行きますか？

수업이 끝난 뒤, 바로 집에 돌아가.
授業が 終わった あと、
すぐ 家に 帰る。

1 문장 듣고 따라 말하기

Track13-01

나왔어.	⇨ <ruby>出<rt>で</rt></ruby>た。

#出(で)る 나오다

도착했어.	⇨ <ruby>着<rt>つ</rt></ruby>いた。

#着(つ)く 도착하다

예약했어.	⇨ <ruby>予約<rt>よやく</rt></ruby>した。

#予約(よやく)する 예약하다

왔어.	⇨ <ruby>来<rt>き</rt></ruby>た。

#来(く)る 오다

2 문형 이해하기

집중 강의 보기

❶ 동사 た형은 우리말의 '~했어'라는 뜻의 과거 시제 반말 표현이에요.

❷ 1그룹 동사의 た형은 어미(꼬리)를 다음과 같이 바꿔요.

예 う, つ, る → った   ならう(배우다) → ならった(배웠어)
    ぬ, む, ぶ → んだ   えらぶ(선택하다) → えらんだ(선택했어)
    く(ぐ) → いた(いだ)   かく(쓰다) → かいた(썼어)
                            いそぐ(서두르다) → いそいだ(서둘렀어)
    す → した   はなす(이야기하다) → はなした(이야기했어)

  ➕ いく(가다)는 예외적으로 いった(갔다)예요.

❸ 2그룹 동사의 た형은 어미(꼬리) る를 떼고 た를 붙여요.

❹ 3그룹 동사의 た형은 する(하다) → した(했어), くる(오다) → きた(왔어)예요.

  ➕ '~하지 않았어'라는 뜻의 과거 부정형은 なかった를 붙이면 돼요.

    예 <ruby>着<rt>つ</rt></ruby>く(도착하다) → <ruby>着<rt>つ</rt></ruby>かない(도착하지 않아) → <ruby>着<rt>つ</rt></ruby>かなかった(도착하지 않았어)

3 회화 말하기

Track13-02

[엄마와 통화 중인 야마다]

야마다 ママ、きょう、わたしの 宅配が 来ます。
今 家に いますか？

엄마 いいえ、買い物に 出たよ。
2時間くらい かかる。

야마다 あ、そうですか？
じゃ、わたしが とります。

야마다 엄마, 오늘, 제 택배가 와요.
지금 집에 있어요?

엄마 아니, 쇼핑하러 나왔어. 2시간정도 걸려.

야마다 아, 그래요? 그럼, 제가 받을게요.

きょう 오늘	わたし 저, 나	宅配 택배	来る 오다
今 지금	家 집	いる 있다	買い物 쇼핑
出る 나오다	時間 시간	くらい (수량의) 정도	
かかる (시간이) 걸리다		とる 받다, 수취하다	

4 직접 말하기

Track13-03

친구 어제, 집에서 무엇을 했어?
きのう、家で 何を した？

나 느긋하게 쉬었어.
ゆっくり 休んだ。

きのう 어제　家 집　何を 무엇을　する 하다　ゆっくり 느긋하게　休む 쉬다

↳ 잔뜩 놀았어.　#いっぱい 잔뜩 #遊(あそ)ぶ 놀다
いっぱい 遊んだ。

↳ 많이 잤어.　#たくさん 많이 #寝(ね)る 자다
たくさん 寝た。

1 문장 듣고 따라 말하기

Track13-04

| 먹은 적이 있어. | ⇒ | 食^たべた ことが ある。 |

#食(た)べる 먹다

| 읽은 적이 있어. | ⇒ | 読^よんだ ことが ある。 |

#読(よ)む 읽다

| 본 적이 있어. | ⇒ | 見^みた ことが ある。 |

#見(み)る 보다

| 한 적이 있어. | ⇒ | した ことが ある。 |

#する 하다

2 문형 이해하기

❶ ~た ことが ある는 우리말의 '~한 적이 있어'라는 뜻의 과거 경험을 나타내요. 만드는 방법은 동사 た형을 만드는 방법과 같아요.

❷ 1그룹 동사는 た형 만드는 규칙에 た ことが ある를 붙여요.

❸ 2그룹 동사는 어미(꼬리) る를 떼고 た ことが ある를 붙여요.

❹ 3그룹 동사는 する → した ことが ある(한 적이 있어), くる → きた ことが ある(온 적이 있어)예요.

❺ '~한 적이 있어?'처럼 반말로 물어볼 때는 끝을 올려서 말하면 돼요.

　예 行^いった ことが ある↗. 간 적이 있어?

　예 食^たべた ことが ある↗. 먹은 적이 있어?

　➕ '~한 적이 없어'라는 뜻의 과거 부정 반말은 끝을 ない로 바꿔서 ~た ことが ない라고 하면 돼요.

3 회화 말하기

Track13-05

[잡지를 보고 있던 야마다]

야마다　この 店の ラーメン、とても おいしかったよ。

카오리　そうそう。わたしも
　　　　食べた ことが ある。

야마다　本当？来週、いっしょに
　　　　食べに 行こうか？

카오리　いいよ。そうしよう。

야마다	이 가게의 라멘, 너무 맛있었어.
카오리	맞아 맞아. 나도 먹은 적이 있어.
야마다	진짜? 다음주, 같이 먹으러 갈까?
카오리	좋아. 그렇게 하자.

この 이	店 가게	ラーメン 라멘
とても 너무	おいしい 맛있다	わたし 나, 저
食べる 먹다	本当 진짜	来週 다음주
いっしょに 같이	行く 가다	そうする 그렇게 하다

4 직접 말하기

Track13-06

후배　이 문제는 어려워요?
　　　この 問題は 難しいですか？

나　아니요, 이전에 배운 적이 있습니다.
　　いいえ、この前 習った ことが あります。

この 이	問題 문제	難しい 어렵다	この前 이전에	習う 배우다

↳ 아니요, 이전에 푼 적이 있습니다.　#解(と)く (문제를) 풀다
　　いいえ、この前 解いた ことが あります。

↳ 아니요, 이전에 해결한 적이 있습니다.　#解決(かいけつ)する 해결하다
　　いいえ、この前 解決した ことが あります。

말하는 문형 연습 3

1 문장 듣고 따라 말하기

Track13-07

| 수업이 끝난 뒤(후) | ⇒ | 授業が 終わった あと |

#授業(じゅぎょう) 수업 #終(お)わる 끝나다

| 술을 마신 뒤(후) | ⇒ | お酒を 飲んだ あと |

#お酒(さけ) 술 #飲(の)む 마시다

| 밥을 먹은 뒤(후) | ⇒ | ごはんを 食べた あと |

#ごはん 밥 #食(た)べる 먹다

| 숙제를 한 뒤(후) | ⇒ | 宿題を した あと |

#宿題(しゅくだい) 숙제 #する 하다

2 문형 이해하기

❶ ～た あと는 우리말의 '～한 뒤(후)'라는 뜻이에요. 만드는 방법은 동사 た형을 만드는 방법과 같아요.

❷ 1그룹 동사는 た형 만드는 규칙에 た あと를 붙이면 돼요.

❸ 2그룹 동사는 어미(꼬리) る를 떼고 た あと를 붙이면 돼요.

❹ 3그룹 동사는 する → した あと(한 뒤), くる → きた あと(온 뒤)예요.

3 회화 말하기

Track13-08

[금요일 오후, 민희와 야마다]

민희 　きょうは どこか 行_いきますか？

야마다 　授業_{じゅぎょう}が 終_おわった あと、 すぐ 家_{いえ}に 帰_{かえ}る。

민희 　え？きょうは 金曜日_{きんようび}ですよ、 先輩_{せんぱい}。

야마다 　頭_{あたま}が 痛_{いた}い。 ゆっくり 休_{やす}みたい。

민희	오늘은 어딘가 가요?
야마다	수업이 끝난 뒤, 바로 집에 돌아가.
민희	네? 오늘은 금요일이에요, 선배.
야마다	머리가 아파. 푹 쉬고 싶어.

きょう 오늘	**どこか** 어딘가	**行_いく** 가다	**授業_{じゅぎょう}** 수업
終_おわる 끝나다	**すぐ** 바로	**家_{いえ}** 집	**帰_{かえ}る** 돌아가다
金曜日_{きんようび} 금요일	**先輩_{せんぱい}** 선배	**頭_{あたま}** 머리	**痛_{いた}い** 아프다
ゆっくり 푹, 천천히		**休_{やす}む** 쉬다	

4 직접 말하기

Track13-09

카오리
지금부터 무엇을 할 거예요?
今_{いま}から 何_{なに}を しますか？

나
방을 정리한 뒤, 영어 공부를 합니다.
部屋_{へや}を かたづけた あと、 英語_{えいご}の 勉強_{べんきょう}を します。

今_{いま} 지금 　**何_{なに}を** 무엇을 　**する** 하다 　**部屋_{へや}** 방 　**かたづける** 정리하다 　**英語_{えいご}** 영어 　**勉強_{べんきょう}** 공부

↳ 리포트를 쓴 뒤, 수다를 떱니다.　#レポート 리포트 #書_かく 쓰다 #おしゃべりする 수다를 떨다

レポートを 書_かいた あと、 おしゃべりします。

↳ 수업을 들은 뒤, 잡니다.　#授業_{じゅぎょう} 수업 #受_うける (수업을) 듣다 #寝_ねる 자다

授業_{じゅぎょう}を 受_うけた あと、 寝_ねます。

Track13-10

1 음성을 잘 듣고, 올바른 단어를 고른 뒤 뜻을 써 보세요.

行_いった   食_たべた ことが ある   終_おわった あと

1) _____ (뜻 :   )

2) _____ (뜻 :   )

3) _____ (뜻 :   )

2 문장을 읽고 뜻을 써 보세요.

1) きのう、習_{なら}った。(뜻 :   )

2) これ、食_たべた ことが あります。(뜻 :   )

3) 会議_{かいぎ}が 終_おわった あと 行_いきます。(뜻 :   )

3 한국어 뜻을 보고 빈칸에 들어갈 적절한 것을 골라 문장을 완성하세요.

1) 일본어는 배웠어.

→ にほんごは (   )。
① 習_{なら}いです   ② 習_{なら}いました   ③ 習_{なら}った

2) 어제, 갔었어?

→ きのう、行_い(   )か。
① きます   ② かない   ③ った

3) 오늘은 쉰 뒤(후) 근무합니다.

→ きょうは (   ) つとめます。
① 休_{やす}んで   ② 休_{やす}んだ あと   ③ 休_{やす}みます

4) 오늘은 공부했다.

→ きょうは 勉強_{べんきょう} (   )。
① した ことが ある   ② した   ③ した あと

단어 쓰기 연습 ✎

じゅぎょう **授業**				
수업				

う **受ける**				
(수업을) 받다				

いた **痛い**				
아프다				

もど **戻る**				
돌아가다				

あたま **頭**				
머리				

らいしゅう **来週**				
다음주				

もんだい **問題**				
문제				

일본어를 가르치고 있어.
日本語を 教えている。

문형 1

~하고 있어.

동사 て형 **ている。**

요즘, 어때?
最近、どう？

최근, 일본어를 가르치고 있어.
最近、日本語を 教えている。

오늘은 동사 て형을 만드는 방법과 동사 て형에 붙이는 '~하고 있어(진행)', '~해 주세요(부탁)', '~해도 좋아요(허가)'의 3가지 표현을 배워볼 거예요.

무엇을 할까요?
何を しますか？

보고서를 만들어 주세요.
報告書を 作ってください。

문형 2

~해 주세요.

| 동사 て형 | てください。 |

회의를 끝낼까요?
会議を 終わりましょうか？

문형 3

~해도 좋아요.

| 동사 て형 | ても いいです。 |

네, 끝냅시다. 돌아가도 좋아요.
はい、終わりましょう。
戻っても いいです。

말하는 문형 연습 1

1 문장 듣고 따라 말하기

Track14-01

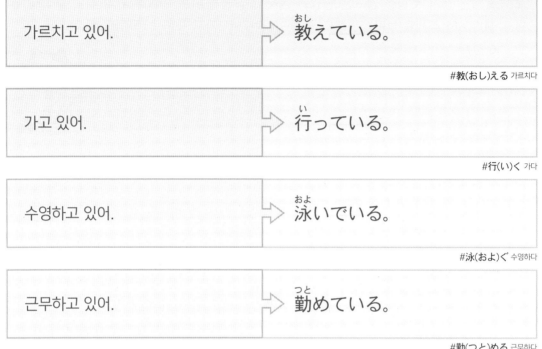

| 가르치고 있어. | ➡ | 教えている。 |

#教(おし)える 가르치다

| 가고 있어. | ➡ | 行っている。 |

#行(い)く 가다

| 수영하고 있어. | ➡ | 泳いでいる。 |

#泳(およ)ぐ 수영하다

| 근무하고 있어. | ➡ | 勤めている。 |

#勤(つと)める 근무하다

2 문형 이해하기

❶ ～ている는 우리말의 '～하고 있어'로 현재 진행을 나타내요. 동사를 て형으로 만들어야 하는데 동사 た형을 만드는 방법과 같아요. て형 규칙은 た의 자리에 て를 넣으면 돼요.

❷ 1그룹 동사는 아래의 て형 규칙에 따라 어미(꼬리)를 바꾸고 ている를 붙여요.

예
う, つ, る	→	って	ならう(배우다) → ならって(배우고)
ぬ, む, ぶ	→	んで	えらぶ(선택하다) → えらんで(선택하고)
く(ぐ)	→	いて(いで)	かく(쓰다) → かいて(쓰고)
			いそぐ(서두르다) → いそいで(서두르고)
す	→	して	はなす(이야기하다) → はなして(이야기하고)

➕ いく(가다)는 예외적으로 いって(가고)예요.

❸ 2그룹 동사는 어미(꼬리) る를 떼고 ている를 붙여요.

❹ 3그룹 동사는 する(하다) → している(하고 있어), くる(오다) → きている(오고 있어)예요.

3 회화 말하기

[중학교 동창을 만난 스즈키]

스즈키 ひさしぶりだね。
元気<ruby>げんき</ruby>？最近<ruby>さいきん</ruby>、どう？

친구 うん、元気<ruby>げんき</ruby>。
最近<ruby>さいきん</ruby>、日本語<ruby>にほんご</ruby>を 教<ruby>おし</ruby>えている。

스즈키 すてき！がんばっているね。

스즈키 오랜만이네. 건강해? 요즘, 어때?
친구 응, 건강해. 최근, 일본어를 가르치고 있어.
스즈키 멋지다! 열심히 하고 있구나.

ひさしぶりだ 오랜만이다　元気<ruby>げんき</ruby>だ 건강하다
最近<ruby>さいきん</ruby> 요즘, 최근　日本語<ruby>にほんご</ruby> 일본어　教<ruby>おし</ruby>える 가르치다
すてきだ 멋지다　がんばる 열심히 하다, 노력하다

4 직접 말하기

다나카 대부분, 주말에 뭐해요?
たいてい、週末<ruby>しゅうまつ</ruby>に 何<ruby>なに</ruby>を しますか？

나 주말 아침은 자전거를 타고 있어요.
週末<ruby>しゅうまつ</ruby>の 朝<ruby>あさ</ruby>は 自転車<ruby>じてんしゃ</ruby>に 乗<ruby>の</ruby>っています。

たいてい 대부분, 대개　週末<ruby>しゅうまつ</ruby> 주말　何<ruby>なに</ruby>を 무엇을　する 하다　朝<ruby>あさ</ruby> 아침　自転車<ruby>じてんしゃ</ruby>に 乗<ruby>の</ruby>る 자전거를 타다

↳ 주말 아침은 책을 읽고 있어요.　#本(ほん) 책 #読(よ)む 읽다
週末<ruby>しゅうまつ</ruby>の 朝<ruby>あさ</ruby>は 本<ruby>ほん</ruby>を 読<ruby>よ</ruby>んでいます。

↳ 주말 아침은 10시까지 자고 있어요.　#10時(じゅうじ) 10시 #～まで ~까지 #寝(ね)る 자다
週末<ruby>しゅうまつ</ruby>の 朝<ruby>あさ</ruby>は 10時<ruby>じゅうじ</ruby>まで 寝<ruby>ね</ruby>ています。

1 문장 듣고 따라 말하기

Track14-04

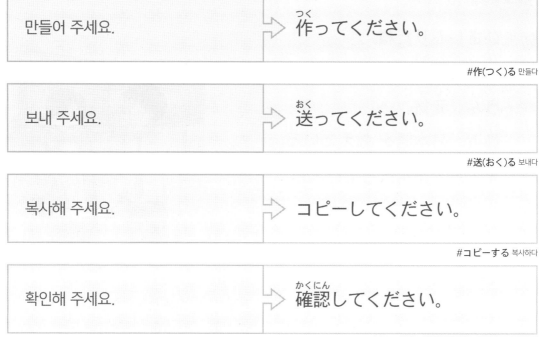

만들어 주세요. ⟹ 作^{つく}ってください。

#作(つく)る 만들다

보내 주세요. ⟹ 送^{おく}ってください。

#送(おく)る 보내다

복사해 주세요. ⟹ コピーしてください。

#コピーする 복사하다

확인해 주세요. ⟹ 確認^{かくにん}してください。

#確認(かくにん)する 확인하다

2 문형 이해하기

❶ ～てください는 우리말의 '～해 주세요'라는 뜻의 부탁을 하는 표현이에요. 만드는 방법은 동사 て형을 만드는 방법과 같아요.

❷ 1그룹 동사는 て형 규칙에 따라 어미(꼬리)를 바꾸고 てください를 붙여요.

❸ 2그룹 동사는 어미(꼬리) る를 떼고 てください를 붙여요.

❹ 3그룹 동사는 する → してください(해 주세요), くる → きてください(와 주세요)예요.

❺ '～해'처럼 반말 명령 표현은 ～てください에서 ください를 빼고 て만 말하면 돼요.

　예 食^たべて。먹어!

　예 見^みて。봐!

3 회화 말하기

[업무 지시를 받는 은정]

은정　きょうは 何を しますか？

다나카　この 会議の 報告書を 作ってください。

은정　はい、わかりました。

　　　いつまで しましょうか？
*までは 우리말의 '~까지'에 해당하는 조사예요.

다나카　あしたまで お願いします。

은정　오늘은 무엇을 할까요?
다나카　이 회의의 보고서를 만들어 주세요.
은정　네, 알겠습니다. 언제까지 할까요?
다나카　내일까지 부탁합니다.

きょう 오늘	何を 무엇을	する 하다
この 이	会議 회의	報告書 보고서
作る 만들다	わかる 알다	いつ 언제
～まで ~까지	あした 내일	お願いします 부탁합니다

4 직접 말하기

선배　도와줄까요?
　　　てつだいましょうか？

나　네, 이것을 좀 정리해 주세요.
　　　はい、ちょっと これを かたづけてください。

てつだう 돕다　ちょっと 좀　これ 이것　かたづける 정리하다

↳ 네, 이것을 좀 옮겨 주세요.　#運(はこ)ぶ 옮기다, 운반하다
　　　はい、ちょっと これを 運んでください。

↳ 네, 이것을 좀 찾아 주세요.　#探(さが)す 찾다
　　　はい、ちょっと これを 探してください。

1 문장 듣고 따라 말하기

Track14-07

돌아가도 좋아요.	⇨	戻_{もど}っても いいです。

#戻(もど)る 돌아가다

나가도 좋아요.	⇨	出_でても いいです。

#出(で)る 나가다

쉬어도 좋아요.	⇨	休_{やす}んでも いいです。

#休(やす)む 쉬다

퇴근해도 좋아요.	⇨	退勤_{たいきん}しても いいです。

#退勤(たいきん)する 퇴근하다

2 문형 이해하기

❶ ～ても いいです는 우리말의 '～해도 좋아요', '～해도 돼요'라는 뜻의 허락하는 표현이에요. 만드는 방법은 동사 て형을 만드는 방법과 같아요.

❷ 1그룹 동사는 て형 규칙에 따라 어미(꼬리)를 바꾸고 ても いいです를 붙여요.

❸ 2그룹 동사는 어미(꼬리) る를 떼고 ても いいです를 붙여요.

❹ 3그룹 동사는 する → しても いいです(해도 좋아요), くる → きても いいです(와도 좋아요)예요.

❺ 물어보고 싶을 때는 뒤에 か를 붙이면 돼요.

　예 食_たべても いいですか。 먹어도 좋아요(돼요)?

❻ '～해도 좋아(돼)'처럼 반말 허락 표현은 です를 빼고 ても いい만 말하면 돼요.

　예 食_たべても いい。 먹어도 좋아(돼).

3 회화 말하기

[회의 중인 은정과 다나카]

은정 もう 会議を 終わりましょうか？
かいぎ お

다나카 はい、終わりましょう。
お

戻っても いいです。
もど

은정 みんな、本当に お疲れさまでした！
ほんとう つか

은정 이제 회의를 끝낼까요?
다나카 네, 끝냅시다. 돌아가도 좋아요.
은정 모두, 정말로 수고하셨습니다!

もう 이제	会議 회의 かいぎ	終わる 끝나다 お
戻る 돌아가다 もど	みんな 모두	本当に 정말로 ほんとう
お疲れさまでした 수고하셨습니다 つか		

4 직접 말하기

후배 이거, 사용하고 싶어요.
これ、使いたいです。
つか

나 네, 사용해도 좋아요.
はい、使っても いいです。
つか

これ 이거   使う 사용하다 つか

↳ 네, 받아도 좋아요(가져도 좋아요).   #もらう 받다
はい、もらっても いいです。

↳ 네, 빌려도 좋아요.   #借(か)りる 빌리다
はい、借りても いいです。
か

1 음성을 잘 듣고, 올바른 단어를 고른 뒤 뜻을 써 보세요.

行ってください   借りても いいですか   食べて

1) _____ (뜻 :   )

2) _____ (뜻 :   )

3) _____ (뜻 :   )

2 문장을 읽고 뜻을 써 보세요.

1) これ、使ってください。(뜻 :   )

2) これ、食べても いいですか。(뜻 :   )

3) 朝はやく 行っても いいですか。(뜻 :   )

3 한국어 뜻을 보고 빈칸에 들어갈 적절한 것을 골라 문장을 완성하세요.

1) 영화를 보고 있어.

→ 映画を 見（   ）。

① ます   ② てください   ③ ている

2) 이거 먹어도 좋아요(돼요)?

→ これ、食べ（   ）か。

① です   ② ます   ③ ても いいです

3) 오늘은 쉬어도 좋습니다(됩니다).

→ きょうは（   ）。

① 休みます   ② 休みません   ③ 休んでも いいです

4) 이거 봐.

→ これ（   ）。

① 見ます   ② 見て   ③ 見てください

단어 쓰기 연습 ✏️

<ruby>終<rt>お</rt></ruby>わる				
끝나다				

<ruby>戻<rt>もど</rt></ruby>る				
돌아가다				

<ruby>借<rt>か</rt></ruby>りる				
빌리다				

<ruby>使<rt>つか</rt></ruby>う				
사용하다				

<ruby>報告書<rt>ほうこくしょ</rt></ruby>				
보고서				

<ruby>確認<rt>かくにん</rt></ruby>				
확인				

コピーする				
복사하다				

빨간 색을 좋아해요.
赤い 色が 好きです。

문형
1

~한 ~

| い형용사 원형 | 명사 |

어떤 색을 좋아해요?
どんな 色が 好きですか？

빨간 색을 좋아해요.
赤い 色が 好きです。

오늘은 **い**형용사, **な**형용사, 동사의 명사를 꾸미는 표현(수식형)을 배울 거예요. 우리말의 '~한', '~하는'이라는 뜻이에요.

이상형은 어떤 사람이에요?
理想_{りそう}の タイプは どんな 人_{ひと}ですか？

문형 **2**

~한 ~

| な형용사 어간 | な | 명사 |

친절한 사람을 좋아해요.
親切_{しんせつ}な 人_{ひと}が 好_すきです。

문형 **3**

~하는 ~

| 동사 원형 | 명사 |

밥을 먹는 사람은 누구예요?
ごはんを 食_たべる 人_{ひと}は だれですか？

1 문장 듣고 따라 말하기

Track15-01

| 빨간 색 | ⇒ 赤い 色 <small>あか いろ</small> |

#赤(あか)い 빨갛다 #色(いろ) 색

| 파란 셔츠 | ⇒ 青い シャツ <small>あお</small> |

#青(あお)い 파랗다 #シャツ 셔츠

| 노란 스커트 | ⇒ 黄色い スカート <small>き いろ</small> |

#黄色(きいろ)い 노랗다 #スカート 스커트

| 하얀 겉옷 | ⇒ 白い うわぎ <small>しろ</small> |

#白(しろ)い 하양다 #うわぎ 겉옷

2 문형 이해하기

❶ い형용사는 명사를 꾸밀수 있어요. 우리말의 '~한'이라는 뜻이에요.

❷ い형용사로 명사를 꾸밀 때는 원형 그대로 뒤에 명사만 붙여요.

   예 おいしい(맛있다) + りんご(사과) → おいしい りんご(맛있는 사과)

   ➕ '~했던'처럼 과거 수식형은 い형용사의 과거형 かった를 붙이면 돼요.

      예 おいしい りんご(맛있는 사과) → おいしかった りんご(맛있었던 사과)

❸ 정중하게 말할 때는 명사 뒤에 です를 붙이고, 반말로 말할 때는 だ를 붙이면 돼요.

   예 おいしい りんごです. 맛있는 사과예요.

   예 おいしい りんごだ. 맛있는 사과야.

3 회화 말하기

Track15-02

[점심을 먹고 있는 민희와 카오리]

민희　どんな 色が 好きですか？

카오리　赤い 色が 好きです。

민희　あ、そうですか。それで
　　　かおりさんは 赤い 服が 多いですね。

카오리　明るい 色は 気分が いいです。

민희　어떤 색을 좋아해요?
카오리　빨간 색을 좋아해요.
민희　아, 그렇군요. 그래서 카오리 씨는 빨간 옷이 많군요.
카오리　밝은 색은 기분이 좋아요.

どんな 어떤	色 색	好きだ 좋아하다
赤い 빨갛다	それで 그래서	服 옷
多い 많다	明るい 밝다	気分 기분
いい 좋다		

4 직접 말하기

Track15-03

이웃　이거, 맛있어요. 드세요.
　　　これ、おいしいですよ。どうぞ。

나　와, 진짜네요. 맛있는 과자네요.
　　わ、本当ですね。おいしい おかしですね。

これ 이거　おいしい 맛있다　どうぞ 드세요　本当 진짜　おかし 과자

　　↳　와, 진짜네요. 매운 오징어네요.　#辛(から)い 맵다 #いか 오징어
　　　　わ、本当ですね。辛い いかですね。

　　↳　와, 진짜네요. 진한 캔디네요.　#濃(こ)い (맛이) 진하다 #キャンデー 캔디
　　　　わ、本当ですね。濃い キャンデーですね。

1 문장 듣고 따라 말하기

Track15-04

친절한 사람	➡ しんせつ ひと 親切な 人

#**親切(しんせつ)**だ 친절하다 #**人(ひと)** 사람

적극적인 성격	➡ せっきょくてき せいかく 積極的な 性格

#**積極的(せっきょくてき)**だ 적극적이다 #**性格(せいかく)** 성격

꼼꼼한 태도	➡ たい ど きちょうめんな 態度

#**きちょうめん**だ 꼼꼼하다 #**態度(たいど)** 태도

조용한 말투	➡ しず い 静かな 言いかた

#**静(しず)**かだ 조용하다 #**言(い)いかた** 말투

2 문형 이해하기

❶ な형용사는 명사를 꾸밀 수 있어요. 우리말의 '~한'이라는 뜻이에요.

❷ な형용사로 명사를 꾸밀 때는 어미(꼬리) だ를 떼고 な를 붙인 다음 명사를 붙여요.

　예 きれいだ(예쁘다) + 人(사람) → きれいな(예쁜) → きれいな 人(예쁜 사람)

　➕ '~했던'처럼 과거 수식형은 な형용사의 과거형 だった를 붙이면 돼요.

　　예 きれいな 人(예쁜 사람) → きれいだった 人(예뻤던 사람)

❸ 정중하게 말할 때는 명사 뒤에 です를 붙이고, 반말로 말할 때는 だ를 붙이면 돼요.

　예 きれいな 人です。 예쁜 사람이에요.

　예 きれいな 人だ。 예쁜 사람이야.

3 회화 말하기

[카페에서 대화 중인 민희와 카오리]

카오리　理想の タイプは どんな 人ですか？

민희　わたしは 親切な 人が 好きです。

　　かおりさんは？

카오리　わたしは 趣味が 同じな 人です。

민희　それ、すてきですね。

카오리　이상형은 어떤 사람이에요?
민희　저는 친절한 사람을 좋아해요. 카오리 씨는?
카오리　저는 취미가 같은 사람이에요.
민희　그거, 멋지네요.

理想の タイプ 이상형	どんな 어떤
人 사람　　わたし 저, 나	親切だ 친절하다
好きだ 좋아하다　趣味 취미	同じだ 같다
それ 그것　　すてきだ 멋지다	

4 직접 말하기

야마다　서울은 어떤 도시예요?
　　　　ソウルは どんな 都市ですか？

나　매우 친절한 도시예요.
　とても 親切な 都市です。

ソウル 서울　どんな 어떤　都市 도시　とても 매우　親切だ 친절하다

　매우 예쁜 도시예요.　#きれいだ 예쁘다
　とても きれいな 都市です。

　매우 번화한 도시예요.　#にぎやかだ 번화하다
　とても にぎやかな 都市です。

1 문장 듣고 따라 말하기

Track15-07

먹는 사람	⇨	食た べる 人ひと

#食(た)べる 먹다 #人(ひと) 사람

앉는 사람	⇨	座すわ る 人ひと

#座(すわ)る 앉다 #人(ひと) 사람

이야기하는 사람	⇨	話はな す 人ひと

#話(はな)す 이야기하다 #人(ひと) 사람

오는 사람	⇨	来く る 人ひと

#来(く)る 오다 #人(ひと) 사람

2 문형 이해하기

❶ 동사는 명사를 꾸밀 수 있어요. 우리말의 '~하는'이라는 뜻이에요.

❷ 동사로 명사를 꾸밀 때는 원형 그대로 뒤에 명사만 붙여요.

　예 行い く(가다) + 人ひと (사람) → 行い く 人ひと (가는 사람)

　➕ '~했던'처럼 과거 수식형은 '~했다'의 동사 た형을 붙이면 돼요.

　　예 行い く 人ひと (가는 사람) → 行い った 人ひと (갔던 사람)

❸ 정중하게 말할 때는 명사 뒤에 です를 붙이고, 반말로 말할 때는 だ를 붙이면 돼요.

　예 行い く 人ひと です。 가는 사람이에요.

　예 行い く 人ひと だ。 가는 사람이야.

186

3 회화 말하기

[학생식당으로 들어서는 카오리와 민희]

카오리 あちらで ごはんを 食^たべる 人^{ひと}は だれですか？

민희 やまだ 先輩^{せんぱい}です.
行^いって いっしょに 食^たべましょうか？

카오리 はい、そうしましょう.

카오리 저쪽에서 밥을 먹는 사람은 누구예요?
민희 야마다 선배예요. 가서 같이 먹을까요?
카오리 네, 그렇게 하죠.

あちら 저쪽	ごはん 밥	食^たべる 먹다
人^{ひと} 사람	だれ 누구	先輩^{せんぱい} 선배
行^いく 가다	いっしょに 같이	
そうする 그렇게 하다		

4 직접 말하기

진행자 어떤 일을 하고 있어요?
どんな 仕事^{しごと}を していますか？

나 가전제품을 만드는 일을 하고 있어요.
家電製品^{かでんせいひん}を 作^{つく}る 仕事^{しごと}を しています.

どんな 어떤 仕事^{しごと} 일 する 하다 家電製品^{かでんせいひん} 가전제품 作^{つく}る 만들다

↳ 책을 쓰는 일을 하고 있어요. #本(ほん) 책 #書(か)く 쓰다
本^{ほん}を 書^かく 仕事^{しごと}を しています.

↳ 자동차를 고치는 일을 하고 있어요. #車(くるま) 자동차 #なおす 고치다
車^{くるま}を なおす 仕事^{しごと}を しています.

Track15-10

1 음성을 잘 듣고, 올바른 단어를 고른 뒤 뜻을 써 보세요.

おいしい りんご　　　きれいな 人（ひと）　　　食（た）へる 人（ひと）

1) _____ (뜻 :　　　　　　　　　　　)

2) _____ (뜻 :　　　　　　　　　　　)

3) _____ (뜻 :　　　　　　　　　　　)

2 문장을 읽고 뜻을 써 보세요.

1) きれいな 人（ひと）が 好（す）きです。(뜻 :　　　　　　　　　)

2) 会議（かいぎ）に 来（く）る 人（ひと）は すずきさんです。(뜻 :　　　　　　)

3) とても 黄色（きいろ）い スカートです。(뜻 :　　　　　　　　　)

3 한국어 뜻을 보고 빈칸에 들어갈 적절한 것을 골라 문장을 완성하세요.

1) 스즈키 씨는 매우 성실한 사람입니다.

　　→ すずきさんは とても （　　　） 人（ひと）です。

　　① まじめだ　　　　　② まじめ　　　　　③ まじめな

2) 회식에 가는 사람은 몇 명입니까?

　　→ のみかいに 行（い）（　　　） 人（ひと）は 何人（なんにん）ですか。

　　① く　　　　　　　　② かない　　　　　③ った

3) 맛있는 사과를 먹고 싶습니다.

　　→ （　　　） りんごが 食（た）べたいです。

　　① おいしい　　　　　② おいしく　　　　③ おいしな

4) 파티에 오는 사람은 누구입니까?

　　→ パーティーに （　　　） 人（ひと）は だれですか。

　　① 来（く）る　　　　　② 来（き）た　　　　　③ 来（き）た あと

단어 쓰기 연습 ✏

赤い （あか） 빨갛다				

黄色い （き いろ） 노랗다				

白い （しろ） 하얗다				

積極的だ （せっきょくてき） 적극적이다				

きちょうめんだ 꼼꼼하다				

先輩 （せんぱい） 선배				

座る （すわ） 앉다				

달고 매운 것이 먹고 싶어.

甘_{あま}くて 辛_{から}い ものが 食_たべたい。

달고 매운 것이 먹고 싶어.
甘_{あま}くて 辛_{から}い ものが 食_たべたい。

문형 1

~하고 ~해.

い형용사 어간 　くて　 い형용사 。

오늘은 '~하고', '~해서'의 연결형 표현을 배울 거예요. 연결형은 **い**형용사, **な**형용사, 동사를 여러 개 연결해서 말할 때 써요. 이번 Day에서는 이 3가지 품사의 연결형을 한 번에 공부해 볼게요.

타쿠야 씨는 어떤 사람?
たくやさんは どんな 人(ひと)？

조용하고 성실해.
静(しず)かで まじめだよ。

문형 2

~하고 ~해.
_____

な형용사 어간	で	な형용사

。

문형 3

~하고 ~해.
_____

동사 て형	て	동사

。

일요일은 무엇을 해?
日曜日(にちようび)は 何(なに)を する？

남자 친구를 만나고 영화를 봐.
彼氏(かれし)に あって 映画(えいが)を 見(み)る。

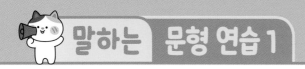
1 문장 듣고 따라 말하기

Track16-01

달고 매워.	⇨	甘_{あま}くて 辛_{から}い。

#甘(あま)い 달다 #辛(から)い 맵다

짭쪼름하고 매워.	⇨	しおからくて 辛_{から}い。

#しおからい 짭쪼름하다 #辛(から)い 맵다

짜고 진해.	⇨	しょっぱくて 濃_こい。

#しょっぱい 짜다 #濃(こ)い 진하다

새콤달콤하고 가벼워.	⇨	甘_{あま}ずっぱくて かるい。

#甘(あま)ずっぱい 새콤달콤하다 #かるい 가볍다

2 문형 이해하기

❶ い형용사 연결형 ～くて는 '～하고', '～해서'라는 뜻이에요. い형용사를 다른 형용사나 문장과 연결하는 역할을 해요.

❷ ～くて를 만드는 방법은 い형용사의 어미(꼬리) い를 떼고 くて를 붙이면 돼요.

예 やすい(싸다) + おいしい(맛있다) → やすくて(싸고) → やすくて おいしい(싸고 맛있어)

3 회화 말하기

[한식당에 점심을 먹으러 온 은정과 스즈키]

은정 　きょうは 何が 食べたい？

스즈키 　甘くて 辛い ものが 食べたい。

은정 　では、トッポッキは どう？
　　　　ヤンニョムチキンも ある。

스즈키 　ふたつとも 食べたいね。
　　　　ぜんぶ 注文しよう。

은정 　오늘은 무엇이 먹고 싶어?
스즈키 　달고 매운 것이 먹고 싶어.
은정 　그럼, 떡볶이는 어때? 양념치킨도 있어.
스즈키 　둘 다 먹고 싶네. 전부 주문하자.

きょう 오늘	何が 무엇이	食べる 먹다
甘い 달다	辛い 맵다	もの 것
トッポッキ 떡볶이	ヤンニョムチキン 양념치킨	
ふたつとも 둘 다	ぜんぶ 전부	注文する 주문하다

4 직접 말하기

유학생 　한국에 간 적 있어?
　　　　韓国に 行った ことが ある？

나 　응, 한국의 봄은 따뜻하고 좋았어.
　　　うん、韓国の 春は あたたかくて よかった。

韓国 한국　行く 가다　春 봄　あたたかい 따뜻하다　いい 좋다

↳ 응, 한국의 여름은 덥고 숨이 막혔어.　#夏(なつ) 여름 #あつい 덥다 #いきぐるしい 숨이 막히다
　うん、韓国の 夏は あつくて いきぐるしかった。

↳ 응, 한국의 가을은 시원하고 좋았어.　#秋(あき) 가을 #すずしい 시원하다 #いい 좋다
　うん、韓国の 秋は すずしくて よかった。

말하는 문형 연습 2

1 문장 듣고 따라 말하기

Track16-04

| 조용하고 성실해. | ⇒ | 静^{しず}かで まじめだ。 |

#静(しず)かだ 조용하다 #まじめだ 성실하다

| 편안하고 여유로워. | ⇒ | 楽^{らく}で ひまだ。 |

#楽(らく)だ 편안하다 #ひまだ 여유롭다, 한가하다

| 건강하고 건장해. | ⇒ | 元気^{げんき}で じょうぶだ。 |

#元気(げんき)だ 건강하다 #じょうぶだ 건장하다

| 잘생기고 유명해. | ⇒ | ハンサムで 有名^{ゆうめい}だ。 |

#ハンサムだ 잘생기다 #有名(ゆうめい)だ 유명하다

2 문형 이해하기

❶ な형용사 연결형 ～で는 '～하고', '～해서'라는 뜻이에요. な형용사를 다른 형용사나 문장과 연결하는 역할을 해요.

❷ な형용사의 ～で를 만드는 방법은 어미(꼬리) だ를 떼고 で를 붙이면 돼요.

　　예 しんせつだ(친절하다) + すてきだ(멋있다) → しんせつで(친절하고)

　　　→ しんせつで すてきだ(친절하고 멋있어)

194

3 회화 말하기

Track16-05

[팀원에 대해 이야기하는 스즈키와 은정]

스즈키 たくやさんは どんな 人？

은정 とても 静かで まじめだよ。

스즈키 本当？いっしょに 働きたいな。

いろいろと 習えるだろう。

*だろう는 동사 원형에 접속해서 '~이겠지'라는 뜻이에요.

스즈키 타쿠야 씨는 어떤 사람?
은정 매우 조용하고 성실해.
스즈키 진짜? 같이 일하고 싶네.
　　　여러가지로 배울 수 있겠지?

どんな 어떤	人 사람	とても 매우
静かだ 조용하다	まじめだ 성실하다	本当 진짜
いっしょに 같이	働く 일하다	
いろいろと 여러가지로	習う 배우다	

4 직접 말하기

Track16-06

친구 새로운 도서관은 어때?
　　　新しい 図書館は どう？

나 매우 조용하고 쾌적해.
　　とても 静かで 快適だよ。

新しい 새롭다　図書館 도서관　とても 매우　静かだ 조용하다　快適だ 쾌적하다

↳ 매우 편리하고 멋져.　#便利(べんり)だ 편리하다 #すてきだ 멋지다
　　とても 便利で すてきだよ。

↳ 매우 깨끗하고 친절해.　#きれいだ 깨끗하다 #親切(しんせつ)だ 친절하다
　　とても きれいで 親切だよ。

Track16-07

1 문장 듣고 따라 말하기

| 남자 친구를 만나고 영화를 봐. | ⇒ | 彼氏(かれし)に あって 映画(えいが)を 見(み)る。 |

#彼氏(かれし) 남자 친구 #あう 만나다 #映画(えいが) 영화 #見(み)る 보다

| 운동을 하고 공연을 봐. | ⇒ | 運動(うんどう)を して 公演(こうえん)を 見(み)る。 |

#運動(うんどう) 운동 #する 하다 #公演(こうえん) 공연 #見(み)る 보다

| 서울에 가서 콘서트를 봐. | ⇒ | ソウルに 行(い)って コンサートを 見(み)る。 |

#ソウルに 서울 #行(い)く 가다 #コンサート 콘서트 #見(み)る 보다

| 7시에 일어나서 드라마를 봐. | ⇒ | 7時(しちじ)に 起(お)きて ドラマを 見(み)る。 |

#起(お)きる 일어나다 #ドラマ 드라마 #見(み)る 보다

2 문형 이해하기

❶ 동사의 어미(꼬리)를 て형으로 바꾸면 우리말의 '~하고', '~해서'라는 뜻이에요. 동사 두 개 이상의 동작이나 상태를 나열할 때 사용돼요.

❷ 동사 て형은 동사의 종류에 따라 어미(꼬리)를 바꿔서 붙여요. 동사 て형 DAY 14 참조

❸ 1그룹 동사는 て형의 규칙에 따라 어미(꼬리)를 바꾸고 붙여요.

❹ 2그룹 동사는 어미(꼬리) る를 떼고 て를 붙여요.

❺ 3그룹 동사는 する(하다) → して(하고, 해서), くる(오다) → きて(오고, 와서)예요.

3 회화 말하기

[주말을 앞둔 스즈키와 은정]

스즈키 今度の 日曜日は 何を する？

은정 彼氏に あって 映画を 見る。

스즈키 そうなんだ。

楽しい 時間を すごしてね。

*てねは '~해'라는 뜻의 가벼운 명령이에요.

스즈키	이번 일요일은 무엇을 해?
은정	남자 친구를 만나고 영화를 봐.
스즈키	그렇구나. 즐거운 시간 보내.

今度の 이번　日曜日 일요일　何を 무엇을
する 하다　彼氏 남자 친구　あう 만나다
映画 영화　見る 보다　楽しい 즐겁다
時間 시간　すごす (시간을) 보내다

4 직접 말하기

스즈키 이번 주 주말에 무엇을 해?
今週の 週末に 何を する？

나 책을 읽고 수영장에 가.
本を 読んで プールに 行く。

今週 이번 주　週末 주말　何を 무엇을　本 책　読む 읽다　プール 수영장　行く 가다

↳ 청소를 하고 도서관에 가. #掃除(そうじ) 청소 #する 하다 #図書館(としょかん) 도서관 #行(い)く 가다
掃除を して 図書館に 行く。

↳ 공부를 하고 운동장을 달려. #勉強(べんきょう) 공부 #する 하다 #グラウンド 운동장 #走(はし)る 달리다
勉強を して グラウンドを 走る。

1 음성을 잘 듣고, 올바른 단어를 고른 뒤 뜻을 써 보세요.

あま
甘くて おいしい　　きれいで 親切だ　　ともだちに あって
しんせつ

1) _____ (뜻 :　　　　　　　　　　　　　　)

2) _____ (뜻 :　　　　　　　　　　　　　　)

3) _____ (뜻 :　　　　　　　　　　　　　　)

2 문장을 읽고 뜻을 써 보세요.

1) この 料理は 甘くて 辛いです。(뜻 :　　　　　　　　　　　　)
　　　りょうり　　あま　　　から

2) たなかさんは ハンサムで すてきです。(뜻 :　　　　　　　　　)

3) ７時に 起きて 朝ごはんを 食べます。(뜻 :　　　　　　　　　)
　　しちじ　　お　　　あさ　　　　　た

3 한국어 뜻을 보고 빈칸에 들어갈 적절한 것을 골라 문장을 완성하세요.

1) 한국 요리는 맵고 맛있어요.
　　→ 韓国の 料理は 辛（　　　　）おいしいです。
　　　かんこく　りょうり　から
　　① くて　　　　　　　② で　　　　　　　③ て

2) 은정 씨는 예쁘고 친절해요.
　　→ ウンジョンさんは きれい（　　　　）親切です。
　　　　　　　　　　　　　　　　　　しんせつ
　　① くて　　　　　　　② で　　　　　　　③ て

3) 오늘은 친구를 만나고 영화를 봐요.
　　→ きょうは ともだちに（　　　　）映画を 見ます。
　　　　　　　　　　　　　　　　えいが　み
　　① あいます　　　　　② あって　　　　　③ あわない

4) 이 가게는 유명하고 멋있어.
　　→ この 店は 有名（　　　　）すてきだ。
　　　　みせ　ゆうめい
　　① くて　　　　　　　② で　　　　　　　③ て

198

단어 쓰기 연습 ✏️

しおからい				
짭쪼름하다				

<ruby>甘<rt>あま</rt></ruby>ずっぱい				
새콤달콤하다				

<ruby>彼氏<rt>かれし</rt></ruby>				
남자 친구				

コンサート				
콘서트				

ドラマ				
드라마				

<ruby>公演<rt>こうえん</rt></ruby>				
공연				

<ruby>週末<rt>しゅうまつ</rt></ruby>				
주말				

너무 매워져요.

とても 辛^{から}く なりますよ。

문형 1

~해져요.

い형용사 어간 く なります。

더 넣을까요?
もっと 入^いれましょうか？

안 돼요, 너무 매워져요.
だめですよ。 とても
辛^{から}く なりますよ。

오늘은 '~해지다', '~하게 되다'라는 뜻의 변화를 나타내는 표현인 '~なり
ます'를 형용사와 동사에 붙여서 말하는 법을 배워 볼게요. 형용사와 동사
의 원래 모습을 '원형', 활용할 때 변하지 않는 부분을 '어간', 변하는 부분
인 꼬리를 '어미'라고 해요.

사람도 늘고 점점 복잡해지네요.
人も 増えて だんだん
複雑に なりますね。

문형
2

~해져요.

な형용사 어간 に なります。

한국 드라마도 봐요?
韓国の ドラマも 見ますか？

문형
3

~하게 돼요.

동사 원형 ように なります。

점점 흥미를 가지게 돼요.
だんだん 興味を
持つ ように なります。

1 문장 듣고 따라 말하기

Track17-01

매워져요.	⇨	辛^{から}く なります.

#辛(から)い 맵다

시어져요.	⇨	すっぱく なります.

#すっぱい 시다

짜져요.	⇨	しょっぱく なります.

#しょっぱい 짜다

진해져요.	⇨	濃^こく なります.

#濃(こ)い 진하다

2 문형 이해하기

❶ い형용사의 어미(꼬리) い를 떼고 어간에 く なります를 붙이면 '~해져요'라는 뜻이 돼요. 변화를 나타내요.

  예 おもしろい(재미있다) → おもしろく なります(재미있어져요)

❷ '~해져'처럼 반말로 말할 때는 なります의 동사 원형 なる(되다)를 붙이면 돼요.

  예 おもしろく なる. 재미있어져.

❸ '~해져요?'라고 물어볼 때는 く なります 뒤에 か를 붙이면 돼요. '~해져?'처럼 반말로 물어볼 때는 끝을 올려서 말하면 돼요.

  예 おもしろく なりますか。재미있어져요?

  예 おもしろく なる↗。재미있어져?

202

3 회화 말하기

[캠프에서 요리 중인 민희와 카오리]

민희　ここに 七味(しちみ)を もっと 入(い)れましょうか？
　　　わたしは 辛(から)い ものが 好(す)きです！

카오리　だめですよ。とても 辛(から)く なりますよ。

민희　かおりさんは 辛(から)い ものが 苦手(にがて)ですか？

카오리　はい、そうです。

민희	여기에 시치미를 더 넣을까요?
	저는 매운 것이 좋아요!
카오리	안 돼요. 너무 매워져요.
민희	카오리 씨는 매운 것을 싫어해요?
카오리	네, 그래요.

ここ 여기	七味(しちみ) 시치미(양념)	もっと 더
入(い)れる 넣다	わたし 저, 나	辛(から)い 맵다
もの 것	好(す)きだ 좋아하다	だめだ 안 된다
とても 너무	苦手(にがて)だ 싫어하다, 꺼리다	

4 직접 말하기

카오리　최근, 한국의 날씨는 어때요?
　　　最近(さいきん)、韓国(かんこく)の 天気(てんき)は どうですか？

나　점점 추워져요.
　　だんだん 寒(さむ)く なります。

最近(さいきん) 최근　韓国(かんこく) 한국　天気(てんき) 날씨　だんだん 점점　寒(さむ)い 춥다

　　점점 기온이 높아져요.　#気温(きおん) 기온 #高(たか)い 높다
　　だんだん 気温(きおん)が 高(たか)く なります。

　　점점 온도가 낮아져요.　#温度(おんど) 온도 #低(ひく)い 낮다
　　だんだん 温度(おんど)が 低(ひく)く なります。

1 문장 듣고 따라 말하기

Track17-04

복잡해져요.	⇨ 複雑に なります。 ふくざつ

#複雑(ふくざつ)だ 복잡하다

편리해져요.	⇨ 便利に なります。 べんり

#便利(べんり)だ 편리하다

활발해져요.	⇨ 活発に なります。 かっぱつ

#活発(かっぱつ)だ 활발하다

조용해져요.	⇨ 静かに なります。 しず

#静(しず)かだ 조용하다

2 문형 이해하기

❶ な형용사의 어미(꼬리) だ를 떼고 어간에 に なります를 붙이면 '~해져요'라는 뜻이 돼요. 변화를 나타내요.

　예 きれいだ(예쁘다) → きれいに なります(예뻐져요)

❷ '~해져'처럼 반말로 말할 때는 なります의 동사 원형 なる(되다)를 붙이면 돼요.

　예 きれいに なる。예뻐져.

❸ '~해져요?'라고 물어볼 때는 に なります 뒤에 か를 붙이면 돼요. '~해져?'처럼 반말로 물어볼 때는 끝을 올려서 말하면 돼요.

　예 きれいに なりますか。예뻐져요?

　예 きれいに なる↗。예뻐져?

3 회화 말하기

Track17-05

[여행지에서 맛집을 찾는 민희와 카오리]

민희 かおりさんは ここに 来た ことが ありますか？

카오리 はい、人も 増えて だんだん
複雑に なりますね。

민희 でも、にぎやかで いいです。

카오리 あ！でも、この みせは
そのままですね！

민희   카오리 씨는 여기에 온 적이 있나요?
카오리   네, 사람도 늘고 점점 복잡해지네요.
민희   하지만, 시끌벅적해서 좋아요.
카오리   아! 하지만, 이 가게는 그대로네요!

ここ 여기	来る 오다	人 사람
増える 늘다	だんだん 점점	複雑だ 복잡하다
でも 하지만	にぎやかだ 시끌벅적하다	いい 좋다
この 이	みせ 가게	そのまま 그대로

4 직접 말하기

Track17-06

동료   저는 도쿄가 좋아요.
わたしは 東京が 好きです。

나   그렇네요. 도시가 점점 예뻐지네요.
そうですね。都市が だんだん きれいに なりますね。

わたし 저, 나   東京 도쿄   好きだ 좋다   都市 도시   だんだん 점점   きれいだ 예쁘다

↳ 그렇네요. 도시가 점점 멋져지네요.   #すてきだ 멋지다
そうですね。都市が だんだん すてきに なりますね。

↳ 그렇네요. 도시가 점점 번화해지네요.   #にぎやかだ 번화하다
そうですね。都市が だんだん にぎやかに なりますね。

1 문장 듣고 따라 말하기

Track17-07

| 가지게 돼요. | ⇨ 持^もつ ように なります。 |

#**持(も)つ** 가지다

| 늘리게 돼요. | ⇨ 増^ふやす ように なります。 |

#**増(ふ)やす** 늘리다

| 만들게 돼요. | ⇨ 作^{つく}る ように なります。 |

#**作(つく)る** 만들다

| 느끼게 돼요. | ⇨ 感^{かん}じる ように なります。 |

#**感(かん)じる** 느끼다

2 문형 이해하기

❶ 동사에 붙이는 우리말의 '~하게 돼요'는 일본어로 ように なります예요. 동사 원형에 붙여요. 변화를 나타내요.

ⓔ 食^たべる(먹다) → 食^たべる ように なります(먹게 돼요)

❷ '~하게 돼'라고 반말로 말할 때는 なります의 동사 원형 なる(되다)를 붙이면 돼요.

ⓔ 食^たべる ように なる。먹게 돼.

❸ '~하게 돼요?'라고 물어볼 때는 ように なりますか를 붙이면 돼요. '~하게 돼?'처럼 반말로 물어볼 때는 끝을 올려서 말하면 돼요.

ⓔ 食^たべる ように なりますか。먹게 돼요?

ⓔ 食^たべる ように なる↗。먹게 돼?

3 회화 말하기

[한국어를 공부하는 카오리를 본 민희]

민희 　最近、韓国語の 勉強は どうですか？

카오리 　難しいです。でも、おもしろいです。

민희 　韓国の ドラマも 見ますか？

카오리 　はい、韓ドラにも だんだん 興味を
　　　　持つ ように なります。

민희	최근, 한국어 공부는 어때요?
카오리	어려워요. 하지만, 재미있어요.
민희	한국 드라마도 봐요?
카오리	네, 한드에도 점점 흥미를 가지게 돼요.

最近 최근　韓国語 한국어　勉強 공부
難しい 어렵다　おもしろい 재미있다　韓国 한국
ドラマ 드라마　見る 보다　韓ドラ 한드(한국 드라마)
だんだん 점점　興味 흥미　持つ 가지다

4 직접 말하기

연인 　이 드라마는 어때요? 재미있어요?
　　　　この ドラマは どうですか？おもしろいですか？

나 　네, 점점 관심을 기울이게 돼요.
　　　　はい、だんだん 関心を 寄せる ように なります。

この 이　ドラマ 드라마　おもしろい 재미있다　だんだん 점점　関心 관심　寄せる 기울이다

↳ 네, 점점 관심을 보이게 돼요.　#示(し)めす 보이다
　　　はい、だんだん 関心を 示めす ように なります。

↳ 네, 점점 관심을 끌게 돼요.　#引(ひ)く 끌다
　　　はい、だんだん 関心を 引く ように なります。

Track17-10

1 음성을 잘 듣고, 올바른 단어를 고른 뒤 뜻을 써 보세요.

辛(から)く なります   好(す)きに なります   持(も)つ ように なります

1) _____ (뜻 :   )

2) _____ (뜻 :   )

3) _____ (뜻 :   )

2 문장을 읽고 뜻을 써 보세요.

1) だんだん すてきに なります。(뜻 :   )

2) 関心(かんしん)を 示(し)めす ように なります。(뜻 :   )

3) 甘(あま)く なります。(뜻 :   )

3 한국어 뜻을 보고 빈칸에 들어갈 적절한 것을 골라 문장을 완성하세요.

1) 일본어가 점점 좋아집니다.

→ にほんごが だんだん (   )。

① 好(す)きだ   ② 好(す)きに なる   ③ 好(す)きに なります

2) 김씨는 멋져져?

→ キムさんは すてき (   ) か。

① く なる   ② に なる   ③ ように なる

3) 짜져.

→ しょっぱ (   )。

① く なる   ② に なる   ③ ように なる

4) 흥미를 가지게 돼.

→ 興味(きょうみ)を 持(も) (   )。

① った   ② ちました   ③ つ ように なる

단어 쓰기 연습 ✏

関心 (かんしん) 관심				

示めす (し) 보이다				

引く (ひ) (주의를) 끌다				

寄せる (よ) (관심을) 기울이다				

活発だ (かっぱつ) 활발하다				

感じる (かん) 느끼다				

作る (つく) 만들다				

민수 씨에게 사줄 거야.
ミンスさんに 買って あげる。

문형
1

(내가 남에게) ~해주다.

동사 て형 て あげる。

커피, 세 개나 사?
コーヒー、みっつも 買う？

민수 씨에게 사줄 거야.
ミンスさんに 買って あげる。

오늘은 '~해주다', '~해 받다'라는 뜻의 어떠한 행동이나 동작을 주고 받는 수수동사 표현을 배울 거예요. 수수동사란 서로 무언가를 주고 받는 동사를 말하는데, 이번 Day에서는 **あげる**, **くれる**, **もらう**의 3가지 수수동사를 한 번에 배울게요.

회의실은 예약했어?
会議室（かいぎしつ）は 予約（よやく）した？

미안, 대신 찾아줄래?
ごめん、かわりに 探（さが）して くれる？

문형
2

(남이 나에게) ~해주다.

| 동사 て형 | て くれる。 |

이 도시락은 누가 만들어?
この 弁当（べんとう）は だれが 作（つく）る？

문형
3

~해 받다.

| 동사 て형 | て もらう。 |

엄마에게 만들어 받아.
母（はは）から 作（つく）って もらう。

1 문장 듣고 따라 말하기

Track18-01

사줄 거야.	買^かって あげる。

#買(か)う 사다

들어줄 거야.	持^もって あげる。

#持(も)つ 들다

한턱 내줄 거야(쏠 거야).	おごって あげる。

#おごる 한턱 내다

선물해 줄 거야.	プレゼントして あげる。

#プレゼントする 선물하다

2 문형 이해하기

❶ ～て あげる는 우리말의 '～해주다'라는 뜻이에요. 내가 남에게 또는 제3자끼리 서로 어떤 동작을 해줄 때 써요. 동사 종류에 따라 어미(꼬리)를 て형으로 바꾸고 て あげる를 붙여요.

❷ 1그룹 동사는 て형 규칙에 따라 어미(꼬리)를 바꾸고 て あげる를 붙여요. 동사 て형 DAY 14 참조

❸ 2그룹 동사는 어미(꼬리) る를 떼고 て あげる를 붙여요.

❹ 3그룹 동사는 する(하다) → して あげる(해주다), くる(오다) → きて あげる(와주다)예요.

❺ '～해줍니다'처럼 정중한 표현으로 말하려면 あげる가 2그룹 동사 활용을 하기 때문에 어미(꼬리) る를 떼고 ます(현재)나 ました(과거)를 붙이면 돼요.

　예 見^みる(보다) → 見^みて あげます(봐줍니다) → 見^みて あげました(봐주었습니다)

　➕ '명사+を あげる'형태로 말하면 '～을 주다'라는 문장이 돼요. 내가 남에게 또는 제3자끼리 물건을 주고 받을 때 써요.

　예 花^{はな}を あげる。 꽃을 주다.

3 회화 말하기

[편의점에 온 은정과 스즈키]

은정　この コーヒー、みっつも 買う？

*も는 우리말의 '~이나'에 해당하는 조사예요.

스즈키　ミンスさんに 買って あげる。

은정　え？何で？

스즈키　きのう、会議で 本当に 助かった。

은정　이 커피, 세 개나 사?
스즈키　민수 씨에게 사줄 거야.
은정　어? 왜?
스즈키　어제, 회의에서 정말 도움이 되었어.

この 이	コーヒー 커피	みっつ 세 개
～も ~이나	買う 사다	何で 왜
きのう 어제	会議 회의	本当に 정말
助かる 도움이 되다		

4 직접 말하기

스즈키　이 케이크는 어떻게 해요?

このケーキは どうしますか？

나　은정 씨에게 2개 포장해 줄 예정입니다.

ウンジョンさんに ふたつ 包んで あげる 予定です。

この 이　ケーキ 케이크　ふたつ 2개　包む 포장하다　予定 예정

↳ 은정 씨의 집까지 옮겨줄 예정입니다.　#家(いえ) 집 #運(はこ)ぶ 옮기다

ウンジョンさんの 家まで 運んで あげる 予定です。

↳ 케이크에 이름을 써줄 예정입니다.　#名前(なまえ) 이름 #書(か)く 쓰다

ケーキに 名前を 書いて あげる 予定です。

1 문장 듣고 따라 말하기

Track18-04

| 찾아줘. | ⇨ | 探^{さが}して くれる。 |

#探(さが)す 찾다

| 정리해줘. | ⇨ | まとめて くれる。 |

#まとめる 정리하다, 모으다

| 도와줘. | ⇨ | 助^{たす}けて くれる。 |

#助(たす)ける 돕다

| 확인해줘. | ⇨ | 確認^{かくにん}して くれる。 |

#確認(かくにん)する 확인하다

2 문형 이해하기

❶ ～て くれる는 우리말의 '～해주다'라는 뜻이에요. 남이 나에게 어떤 동작을 해줄 때 써요.
동사 종류에 따라 어미(꼬리)를 て형으로 바꾸고 て くれる를 붙여요.

❷ 1그룹 동사는 て형 규칙에 따라 어미(꼬리)를 바꾸고 て くれる를 붙여요. 동사 て형 DAY 14 참조

❸ 2그룹 동사는 어미(꼬리) る를 떼고 て くれる를 붙여요.

❹ 3그룹 동사는 する → して くれる(해주다), くる → きて くれる(와주다)예요.

❺ 정중한 표현은 くれる가 2그룹 동사 활용을 하기 때문에 어미(꼬리) る를 떼고 ます(현재)
나 ました(과거)를 붙이면 돼요.

　예 そだてる(기르다) → そだてて くれます(길러줍니다) → そだてて くれました(길러주었습니다)

　➕ '명사+を くれる'형태로 말하면 '～을 주다'라는 문장이 돼요. 남이 나에게 물건을 줄 때 써요.
　　예 花^{はな}を くれる。 꽃을 (나에게) 주다.

3 회화 말하기

[스즈키의 자리로 간 은정]

은정 　会議室_{かいぎしつ}は 予約_{よやく}した？

스즈키 　まだ。今_{いま} とても 忙_{いそが}しくて。

ごめん、かわりに 探_{さが}して くれる？

은정 　では、 コーヒー おごって くれる？

てつだって あげる。

스즈키 　うん、ありがとう！

은정	회의실은 예약했어?
스즈키	아직. 지금 너무 바빠서. 미안, 대신 찾아줄래?
은정	그럼, 커피 싸줄래? 도와줄게.
스즈키	응, 고마워!

会議室_{かいぎしつ} 회의실　　**予約_{よやく}** 예약　　**まだ** 아직
今_{いま} 지금　　**とても** 너무　　**忙_{いそが}しい** 바쁘다
かわりに 대신　　**探_{さが}す** 찾다　　**コーヒー** 커피
おごる 쏘다(한턱 내다)　　**てつだう** 돕다

4 직접 말하기

동료
이삿날은 어떻게 해요?
引_ひっ越_こしの 日_ひは どうしますか？

나
엄마가 와서 도와줍니다.
母_{はは}が 来_きて てつだって くれます。

引_ひっ越_こしの日_ひ 이삿날　**母_{はは}** 엄마　**来_くる** 오다　**てつだう** 돕다

↳ 엄마가 와서 옮겨줍니다.　#運_{はこ}ぶ 옮기다
母_{はは}が 来_きて 運_{はこ}んで くれます。

↳ 엄마가 와서 정리해 줍니다.　#かたづける 정리하다
母_{はは}が 来_きて かたづけて くれます。

1 문장 듣고 따라 말하기

Track18-07

만들어 받아.	⇨ 作って もらう.

#作(つく)る 만들다

해 받아.	⇨ やって もらう.

#やる 하다

보내 받아.	⇨ 送って もらう.

#送(おく)る 보내다

배달해 받아.	⇨ 出前して もらう.

#出前(でまえ)する 배달하다

2 문형 이해하기

❶ ～て もらう는 우리말의 '～해 받다'라는 뜻이에요. 동사 종류에 따라 어미(꼬리)를 て형으로 바꾸고 て もらう를 붙여요.

❷ 1그룹 동사는 て형 규칙에 따라 어미(꼬리)를 바꾸고 て もらう를 붙여요. 동사 て형 DAY 14 참조

❸ 2그룹 동사는 어미(꼬리) る를 떼고 て もらう를 붙여요.

❹ 3그룹 동사는 する → して もらう(해 받다), くる → きて もらう(와 받다)예요.

❺ 정중한 표현은 もらう가 1그룹 동사 활용을 하기 때문에 어미(꼬리)를 い로 바꾸고 ます(현재)나 ました(과거)를 붙이면 돼요.

　예 だす(제출하다) → だして もらいます(제출해 받습니다) → だして もらいました(제출해 받았습니다)

　➕ '명사+を もらう'형태로 '～을 받다'라는 문장이 돼요. 남에게 물건을 받을 때 써요.
　　예 花を もらう. 꽃을 받다.

3 회화 말하기

[탕비실에서 식사 중인 은정과 스즈키]

은정　**毎朝** この **弁当**は だれが **作る**？
　　　まいあさ　　　　　べんとう　　　　　　つく

스즈키　**母**から **作**って もらう。
　　　　はは　　　つく

은정　うわ、わたしも **母**の **弁当**、**食**べたい。
　　　　　　　　　　　はは　　べんとう　　た

은정	매일 아침 이 도시락은 누가 만들어?	
스즈키	엄마에게 만들어 받아.	
은정	우와, 나도 엄마 도시락, 먹고 싶다.	

毎朝 매일 아침　　**この** 이　　**弁当** 도시락
まいあさ　　　　　　　　　　　　　べんとう

だれが 누가　　**作**る 만들다　　**母** 엄마
　　　　　　　つく　　　　　　　はは

から ~에게, ~로부터　　**わたし** 저, 나　　**食**べる 먹다
　　　　　　　　　　　　　　　　　　　た

4 직접 말하기

점장　아르바이트를 시작하기 전에 무엇부터 해요?
　　　アルバイトを はじめる 前に 何から しますか？
　　　　　　　　　　　　　まえ　　なに

나　점장님에게 복장을 체크해 받아요.
　　店長から 服装を チェック して もらいます。
　　てんちょう　ふくそう

アルバイト 아르바이트　**はじめる** 시작하다　**前に** 전에　**何から** 무엇부터　**店長** 점장　**服装** 복장　**チェックする** 체크하다
　　　　　　　　　　　　　　　　　　まえ　　　なに　　　　　てんちょう　　ふくそう

↳　점장님에게 주문서를 확인해 받아요.　#**注文書**(ちゅうもんしょ) 주문서 #**確認**(かくにん)する 확인하다
　　店長から 注文書を 確認して もらいます。
　　てんちょう　ちゅうもんしょ　かくにん

↳　점장님에게 메뉴의 이름을 가르쳐 받아요.　#**メニュー** 메뉴 #**名前**(なまえ) 이름 #**教**(おし)える 가르치다
　　店長から メニューの 名前を 教えて もらいます。
　　てんちょう　　　　　なまえ　　お

Track18-10

1 음성을 잘 듣고, 올바른 단어를 고른 뒤 뜻을 써 보세요.

作って あげる　　　作って くれる　　　作って もらう

1) _____ (뜻 :　　　　　　　　　　　　　　)

2) _____ (뜻 :　　　　　　　　　　　　　　)

3) _____ (뜻 :　　　　　　　　　　　　　　)

2 문장을 읽고 뜻을 써 보세요.

1) 買って くれる。(뜻 :　　　　　　　　　　　　　)

2) これ、書いて あげる。(뜻 :　　　　　　　　　　　　　)

3) しょるいを 送って もらう。(뜻 :　　　　　　　　　　　　　)

3 한국어 뜻을 보고 빈칸에 들어갈 적절한 것을 골라 문장을 완성하세요.

1) 엄마에게 사주다.
　→ 母に 買って（　　　　）。
　① あげる　　　　　② くれる　　　　　③ もらう

2) 친구에게 사줍니다.
　→ ともだちに 買って（　　　　）。
　① あげます　　　　② くれます　　　　③ もらいます

3) 친구가 사주다.
　→ ともだちが 買って（　　　　）。
　① あげる　　　　　② くれる　　　　　③ もらう

4) 서류를 보내 받다.
　→ しょるいを 送って（　　　　）。
　① あげる　　　　　② くれる　　　　　③ もらう

단어 쓰기 연습 ✏️

包む つつ				
포장하다				

名前 な まえ				
이름				

おごる				
쏘다(한턱 내다)				

送る おく				
보내다				

出前 で まえ				
배달				

探す さが				
찾다				

運ぶ はこ				
옮기다				

빨리 내는 편이 좋아.
はやく 出<ruby>だ</ruby>した ほうが いい。

문형
1

~하는 편이 좋아.

동사 た형 | た ほうが いい。

추천서는 언제까지예요?
推薦書<ruby>すいせんしょ</ruby>は いつまでですか？

빨리 내는 편이 좋아.
はやく 出<ruby>だ</ruby>した ほうが いい。

오늘은 동사 **た**형에 붙이는 3가지 표현을 배울 거에요. **た**형은 1, 2, 3그룹 동사의 종류에 따라 붙이는 방법이 달라요. '~하는 편이 좋아', '~한 채로', '~하곤 했지'는 모두 동사 **た**형에 붙여서 만들어요.

몇 시에 잤어?
何時(なんじ)に 寝(ね)た？

7시. 소파에 누운 채로 자 버렸어.
7時(しちじ)。ソファーで 横(よこ)に なった まま 寝(ね)てしまったよ。

문형 2

~한 채로 ~해 버렸어.

동사 た형	た まま
동사 て형	てしまった。

문형 3

~하곤 했지.

동사 た형	た ものだ。

이 공원에서 자주 놀곤 했지.
この 公園(こうえん)で よく 遊(あそ)んだ ものだね。

1 문장 듣고 따라 말하기

Track19-01

내는 편이 좋아.	⇨ <ruby>出<rt>だ</rt></ruby>した ほうが いい。

#出(だ)す 내다, 제출하다

건네는 편이 좋아.	⇨ <ruby>渡<rt>わた</rt></ruby>した ほうが いい。

#渡(わた)す 건네다

보내는 편이 좋아.	⇨ <ruby>送<rt>おく</rt></ruby>った ほうが いい。

#送(おく)る 보내다

작성하는 편이 좋아.	⇨ <ruby>作成<rt>さくせい</rt></ruby>した ほうが いい。

#作成(さくせい)する 작성하다

2 문형 이해하기

❶ 우리말의 '~하는 편이 좋아'는 일본어로 ~た ほうが いい예요. 상대방에게 가벼운 조언이 나 권유를 할 때 써요. 동사 종류에 따라 어미(꼬리)를 た형으로 바꾸고 붙여요.
동사 た형 DAY 13 참조

❷ 1그룹 동사는 た형 규칙에 따라 어미(꼬리)를 바꾸고 た ほうが いい를 붙여요.

❸ 2그룹 동사는 어미(꼬리) る를 떼고 た ほうが いい를 붙여요.

❹ 3그룹 동사는 する(하다) → した ほうが いい(하는 편이 좋아), くる(오다) → きた ほう が いい(오는 편이 좋아)예요.

❺ '~하는 편이 좋아요'처럼 정중한 표현은 끝에 です를 붙여서 ~た ほうが いいです예요.

> ➕ '~하지 않는 편이 좋아'처럼 부정 권유 표현은 동사 た형 대신 ない형을 써서 ~ない ほうが いい 라고 하면 돼요.
>
> 예 <ruby>行<rt>い</rt></ruby>く(가다) → <ruby>行<rt>い</rt></ruby>かない(가지 않다) → <ruby>行<rt>い</rt></ruby>かない ほうが いい(가지 않는 편이 좋아)

3 회화 말하기

[학생지원센터에 간 야마다]

야마다 この 推薦書^{すいせんしょ}は いつまでですか？

직원 あしたの 午前中^{ごぜんちゅう}まで。
教授^{きょうじゅ}に できるだけ はやく
出^だした ほうが いい。

야마다 あ、そうですか？すぐ します。

야마다	이 추천서는 언제까지예요?	
직원	내일 오전 중까지. 교수님에게 가능한 빨리	
	내는 편이 좋아.	
야마다	아, 그래요? 바로 하겠습니다.	

この 이	推薦書^{すいせんしょ} 추천서	いつ 언제
あした 내일	午前中^{ごぜんちゅう} 오전 중	教授^{きょうじゅ} 교수
できるだけ 가능한	はやく 빨리	出^だす 내다, 제출하다
すぐ 바로	する 하다	

4 직접 말하기

동료 저, 감기 기운이에요. 기침이 자꾸 나와요.
わたし、かぜぎみです。せきが よく 出^でます。

나 그래요? 빨리 쉬는 편이 좋겠네요.
そうですか？はやく 休^{やす}んだ ほうが いいですね。

わたし 저, 나　かぜ 감기　ぎみ 기미, 기색　せき 기침　よく 자꾸　出^でる 나오다　はやく 빨리　やすむ 쉬다

↳ 그래요? 빨리 병원에 가는 편이 좋겠네요.　#病院(びょういん) 병원 #行(い)く 가다
そうですか？はやく 病院^{びょういん}に 行^いった ほうが いいですね。

↳ 그래요? 빨리 약을 먹는 편이 좋겠네요.　#薬(くすり)を 飲(の)む 약을 먹다
そうですか？はやく 薬^{くすり}を 飲^のんだ ほうが いいですね。

Track19-04

1 문장 듣고 따라 말하기

| 누운 채로 자 버렸어. | ➡ | 横に なった まま 寝てしまった。 |

#横(よこ)に なる 눕다 #寝(ね)る 자다

| 옷을 입은 채로 자 버렸어. | ➡ | 服を 着た まま 寝てしまった。 |

#服(ふく) 옷 #着(き)る 입다 #寝(ね)る 자다

| 텔레비전을 켠 채로 자 버렸어. | ➡ | テレビを つけた まま 寝てしまった。 |

#テレビ 텔레비전 #つける 켜다 #寝(ね)る 자다

| 화장을 한 채로 자 버렸어. | ➡ | 化粧を した まま 寝てしまった。 |

#化粧(けしょう) 화장 #する 하다 #寝(ね)る 자다

2 문형 이해하기

❶ 우리말의 '~한 채로 ~해 버렸어'는 일본어로 ~たまま ~てしまった예요. 첫 번째 동사 종류에 따라 어미(꼬리)를 た형으로 바꾸고 た まま를 만든 후, 두 번째 동사의 어미(꼬리)를 て형으로 바꾸고 てしまった를 붙여요.

❷ 1그룹 동사는 た형의 규칙에 따라 어미(꼬리)를 바꾸고 '~한 채로'의 たまま를 붙이고, て형의 규칙에 따라 '~해 버렸어'의 てしまった를 붙여요.

동사 た형 Day13 참조   동사 て형 Day14 참조

❸ 2그룹 동사는 어미(꼬리) る를 떼고 たまま, てしまった를 붙여요.

❹ 3그룹 동사는 する → したまま(한 채로), してしまった(해 버렸어), くる → きたまま(온 채로), きてしまった(와 버렸어)예요.

❺ 우리말의 '~한 채로 ~할 수 없어'처럼 '~た まま ~가능형 부정'의 구문도 가능해요.

예 おく(두다) + 行けない(갈 수 없다) → おいた まま 行けない(둔 채로 갈 수 없어)

3 회화 말하기

[매우 피곤한 표정의 야마다]

카오리 きのう、何時に 寝た？

야마다 7時。ソファーで 横に なった まま
寝てしまったよ。

카오리 本当に 疲れたね。

야마다 最近、課題が 忙しくて 眠れなかった。

카오리	어제, 몇 시에 잤어?
야마다	7시. 소파에 누운 채로 자 버렸어.
카오리	정말로 피곤했구나.
야마다	최근, 과제가 바빠서 잘 수가 없었어.

きのう 어제	何時 몇 시	寝る 자다
ソファー 소파	横に なる 눕다	本当に 정말로
疲れる 피곤하다	最近 최근	課題 과제
忙しい 바쁘다	眠る 자다	

4 직접 말하기

> 스즈키 슬슬 돌아갈까요?
> そろそろ 戻りましょうか？

> 나 아니, 이 일을 둔 채로 갈 수 없어.
> いや、この 仕事を おいた まま 行けない。

そろそろ 슬슬　戻る 돌아가다　この 이　仕事 일　おく 두다　行く 가다

↳ 아니, 이 일을 하다 만 채로 돌아갈 수 없어.　#やりかける 하다 말다 #戻(もど)る 돌아가다
いや、この 仕事を やりかけた まま 戻れない。

↳ 아니, 이 일을 버려둔 채로 쉴 수 없어.　#捨(す)てる 버리다 #休(やす)む 쉬다
いや、この 仕事を 捨てた まま 休めない。

1 문장 듣고 따라 말하기

Track19-07

자주 놀곤 했지.	⇨ よく 遊んだ ものだ。

#よく 자주 #遊(あそ)ぶ 놀다

술을 마시곤 했지.	⇨ お酒を 飲んだ ものだ。

#お酒(さけ) 술 #飲(の)む 마시다

밥을 먹곤 했지.	⇨ ごはんを 食べた ものだ。

#ごはん 밥 #食(た)べる 먹다

영화를 보곤 했지.	⇨ 映画を 見た ものだ。

#映画(えいが) 영화 #見(み)る 보다

2 문형 이해하기

❶ 우리말의 '~하곤 했지'는 일본어로 ~た ものだ에요. 과거의 경험을 나타내는 뜻으로 동사의 た형에 붙여요.

❷ 1그룹 동사는 た형 규칙에 따라 어미(꼬리)를 바꾸고 た ものだ를 붙여요.
  동사 た형 Day13 참조

❸ 2그룹 동사는 어미(꼬리) る를 떼고 た ものだ를 붙여요.

❹ 3그룹 동사는 する → した ものだ(하곤 했지), くる → きた ものだ(오곤 했지)예요.

❺ 정중하게 말할 때는 た ものだ를 た ものです로 바꿔서 붙이면 돼요.
  예 行った ものです。 가곤 했었죠.

❻ '~하곤 했어요?'라고 정중하게 물어볼 때는 た ものだ를 た ものですか로 바꾸면 돼요.
  예 行った ものですか。 가곤 했어요?

3 회화 말하기

Track19-08

[어릴 적 사진을 보던 야마다와 카오리]

야마다　わたしたち、この 公園_{こうえん}で よく 遊_{あそ}んだ ものだね。

카오리　うん。ブランコで 競争_{きょうそう}した ものだよね。

야마다　とても なつかしいね。
　　　　また 行_いってみたいなあ。

카오리　時間_{じかん}が あるとき、
　　　　いっしょに 行_いこうよ。

야마다	우리, 이 공원에서 자주 놀곤 했지.
카오리	응. 그네에서 경쟁하곤 했잖아.
야마다	참 그립네. 또 가보고 싶다.
카오리	시간이 있을 때, 같이 가자.

わたしたち 우리	この 이	公園_{こうえん} 공원	よく 자주
遊_{あそ}ぶ 놀다	ブランコ 그네	競争_{きょうそう}する 경쟁하다	とても 참, 매우
なつかしい 그립다	また 또	行_いく 가다	～てみる ~해 보다
時間_{じかん} 시간	ある 있다	いっしょに 같이	

4 직접 말하기

Track19-09

아내　우리, 여기에 간 적이 있지요?
　　　わたしたち、ここに 行_いった ことが あるよね。

나　응, 퇴근한 후, 데이트하곤 했지.
　　うん、退勤_{たいきん}した あと、デートした ものだね。

わたしたち 우리　ここ 여기　行_いく 가다　退勤_{たいきん}する 퇴근하다　デートする 데이트 하다

↳ 응, 퇴근 후, 술을 마시곤 했지.　#お酒(さけ) 술 #飲(の)む 마시다
　　うん、退勤_{たいきん}した あと、お酒_{さけ}を 飲_のんだ ものだね。

↳ 응, 퇴근 후, 놀러가곤 했지.　#遊(あそ)ぶ 놀다 #行(い)く 가다
　　うん、退勤_{たいきん}した あと、遊_{あそ}びに 行_いった ものだね。

Track19-10

1 음성을 잘 듣고, 올바른 단어를 고른 뒤 뜻을 써 보세요.

行った ほうが いい　　　食べた まま　　　行った ものだ

1) ＿＿＿＿＿＿＿＿＿＿＿＿＿＿＿＿＿＿ (뜻 :　　　　　　　　　　　　)

2) ＿＿＿＿＿＿＿＿＿＿＿＿＿＿＿＿＿＿ (뜻 :　　　　　　　　　　　　)

3) ＿＿＿＿＿＿＿＿＿＿＿＿＿＿＿＿＿＿ (뜻 :　　　　　　　　　　　　)

2 문장을 읽고 뜻을 써 보세요.

1) きょうは 行った ほうが いいです。 (뜻 :　　　　　　　　　　)

2) ごはんを 入れた まま 話しました。 (뜻 :　　　　　　　　　)

3) あそこに 行った ものだ。 (뜻 :　　　　　　　　　)

3 한국어 뜻을 보고 빈칸에 들어갈 적절한 것을 골라 문장을 완성하세요.

1) 일본어는 배우는 편이 좋아.

→ にほんごは (　　　　)。
① 習った ほうが いい　　② 習いました　　③ 習った

2) 어제, 텔레비전을 켠 채로 잤어.

→ きのう、テレビを つけ (　　　　) 寝た。
① る まま　　　　　② た まま　　　　　③ た ほうが いい

3) 오늘은 쉬는 편이 좋아.

→ きょうは (　　　　) ほうが いい。
① 休んで　　　　　② 休んだ あと　　　　③ 休んだ

4) 여기에서 먹곤 했지.

→ ここで 食べ (　　　　)。
① た ことが ある　　② た ものだ　　　　③ た あと

228

단어 쓰기 연습 ✏️

つける				
켜다				

<ruby>戻<rt>もど</rt></ruby>る				
돌아가다				

そろそろ				
슬슬				

<ruby>競争<rt>きょうそう</rt></ruby>				
경쟁				

デート				
데이트				

<ruby>課題<rt>かだい</rt></ruby>				
과제				

<ruby>眠<rt>ねむ</rt></ruby>る				
자다				

무서울지도 몰라요.

怖い かもしれないです。

저도 보고 싶어요.
わたしも 見たいです。

문형
1

~지도 몰라요.

い형용사 원형 かも

しれないです。

무서울지도 몰라요.
怖い かもしれないです。

오늘은 '~지도 몰라요'라는 뜻의 추측을 나타내는 표현인 '〜かもしれないです'를 배울거예요. '〜かもしれないです'는 い형용사, な형용사, 동사에 접속하기 때문에 형용사와 동사로 '〜かもしれないです'를 말하는 법을 배워 볼게요.

제 2회의실은 어떨까요?
第2の 会議室は どうですか？

그쪽이 더 조용할지도 몰라요.
そちらの ほうが もっと
静か かもしれないですね。

문형 2

~지도 몰라요.

| な형용사 어간 | かも |

しれないです。

지금 어디예요?
今 どこですか？

문형 3

~지도 몰라요.

| 동사 원형 | かも |

しれないです。

죄송해요. 10분 정도 늦을지도 몰라요.
すみません。10分くらい
遅れる かもしれないです。

1 문장 듣고 따라 말하기

무서울지도 몰라요.	怖^{こわ}い かもしれないです.

#怖(こわ)い 무섭다

길지도 몰라요.	長^{なが}い かもしれないです.

#長(なが)い 길다

이상할지도 몰라요.	おかしい かもしれないです.

#おかしい 이상하다

따분할지도 몰라요.	つまらない かもしれないです.

#つまらない 따분하다, 지루하다

2 문형 이해하기

❶ 일본어의 ~かもしれないです는 우리말의 '~지도 몰라요'라는 뜻의 추측 표현이에요.

❷ ~かもしれないです에서 かも는 '~일지도'라는 뜻의 조사이고, しれないです는 しる(알다)의 부정형에서 만들어졌어요.

❸ ~かもしれないです는 ~かもしれません으로도 말할 수 있어요.

❹ い형용사에 かもしれないです를 붙이려면 い형용사 원형에 붙이면 돼요.

   ➕ い형용사의 현재 부정형인 く ない에도 붙일 수 있어요.

      예 怖^{こわ}い(무섭다) → 怖^{こわ}く ない(무섭지 않다) → 怖^{こわ}く ない かもしれないです(무섭지 않을지도 몰라요)

   ➕ い형용사의 과거형 かった에도 붙일 수 있어요.

      예 怖^{こわ}い(무섭다) → 怖^{こわ}かった(무서웠다) → 怖^{こわ}かった かもしれないです(무서웠을지도 몰라요)

❺ 반말로 말할 때는 です를 떼고 かもしれない만 붙이면 돼요.

   예 ふるいかもしれない. 오래되었을지도 몰라.

3 회화 말하기

[스마트폰으로 영화를 보고 있는 민수]

스즈키 **何を 見ていますか？**

민수 **映画「奇妙な話」です。**
山で 事件が 起こる スリラー映画です。

스즈키 **そうですか？わたしも 見たいです。**

민수 **ちょっと 怖い かもしれないです。**

스즈키 무엇을 보고 있어요?
민수 영화「기묘한 이야기」요.
　　 산에서 사건이 일어나는 스릴러 영화예요.
스즈키 그래요? 저도 보고 싶어요.
민수 좀 무서울지도 몰라요.

何を 무엇을	**見る** 보다	**映画** 영화
奇妙だ 기묘하다	**話** 이야기	**山** 산
事件 사건	**起こる** 일어나다	**スリラー** 스릴러
わたし 저, 나	**ちょっと** 조금	**怖い** 무섭다

4 직접 말하기

상사 이 프로젝트는 어때요?
この プロジェクトは どうですか？

나 좀 어려울지도 몰라요.
ちょっと 難しい かもしれないです。

この 이　プロジェクト 프로젝트　ちょっと 조금　難しい 어렵다

↳ 좀 쉬울지도 몰라요. #やさしい 쉽다

ちょっと やさしい かもしれないです。

↳ 좀 많을지도 몰라요. #多(おお)い (양이) 많다

ちょっと 多い かもしれないです。

Track20-04

1 문장 듣고 따라 말하기

조용할지도 몰라요.	⇨ 静(しず)か かもしれないです.

#静(しずか)だ 조용하다

편안할지도 몰라요.	⇨ 楽(らく) かもしれないです.

#楽(らく)だ 편안하다

깨끗할지도 몰라요.	⇨ きれい かもしれないです.

#きれいだ 깨끗하다

불편할지도 몰라요.	⇨ 不便(ふべん) かもしれないです.

#不便(ふべん)だ 불편하다

2 문형 이해하기

❶ 일본어의 ～かもしれないです는 우리말의 '～지도 몰라요'라는 뜻의 추측 표현이에요.

❷ な형용사는 な형용사의 어미(꼬리) だ를 떼고 어간에 붙이면 돼요.

  ➕ な형용사의 현재 부정형인 じゃ ない에도 붙일 수 있어요.

    🔲 きれいだ(예쁘다) → きれいじゃ ない(예쁘지 않다)

      → きれいじゃ ない かもしれないです(예쁘지 않을지도 몰라요)

  ➕ な형용사의 과거형 だった에도 붙일 수 있어요.

    🔲 きれいだ(예쁘다) → きれいだった(예뻤다) → きれいだった かもしれないです(예뻤을지도 몰라요)

❸ 반말로 말할 때는 です를 떼고 かもしれない만 붙이면 돼요.

  🔲 大変(たいへん) かもしれない. 힘들지도 몰라.

3 회화 말하기

[회의실을 찾고 있는 민수와 스즈키]

민수 営業チームの 会議が まだです。

스즈키 ほかの 会議室は ありませんか？

민수 こちらの 第2の 会議室は どうですか？

스즈키 そちらの ほうが もっと
　　　　静か かもしれないですね。

민수 영업팀 회의가 아직이에요.
스즈키 다른 회의실은 없나요?
민수 이쪽의 제 2회의실은 어떨까요?
스즈키 그쪽이 더 조용할지도 몰라요.

営業チーム 영업팀	会議 회의	まだ 아직
ほか 다른	会議室 회의실	ある 있다
こちら 이쪽	第2 제 2	そちらの ほう 그쪽
もっと 더	静かだ 조용하다	

4 직접 말하기

아내 이쪽의 집이 좋을까?
　　　こっちの 家が いいかな？

나 응, 그쪽이 더 편리할지도 몰라.
　　うん、そっちの ほうが もっと 便利 かもしれない。

こっち 이쪽　家 집　いい 좋다　そっちの ほう 그쪽　もっと 더　便利だ 편리하다

↳ 응, 그쪽이 더 번화할지도 몰라.　#にぎやかだ 번화하다

うん、そっちの ほうが もっと にぎやか かもしれない。

↳ 응, 그쪽이 더 깨끗할지도 몰라.　#きれいだ 깨끗하다

うん、そっちの ほうが もっと きれい かもしれない。

1 문장 듣고 따라 말하기

Track20-07

늦을지도 몰라요.	⇨ 遅^{おく}れる かもしれないです。

#遅(おく)れる 늦다

갈지도 몰라요.	⇨ 行^いく かもしれないです。

#行(い)く 가다

기다릴지도 몰라요.	⇨ 待^まつ かもしれないです。

#待(ま)つ 기다리다

외출할지도 몰라요.	⇨ 外出^{がいしゅつ}する かもしれないです。

#外出(がいしゅつ)する 외출하다

2 문형 이해하기

❶ 일본어의 ～かもしれないです는 우리말의 '～지도 몰라요'라는 뜻의 추측 표현이에요.

❷ 동사에 かもしれないです를 붙이려면 동사 원형에 붙이면 돼요.

　➕ 동사의 현재 부정형인 ない형에도 붙일 수 있어요.

　　예 話す(이야기하다) → 話さない(이야기하지 않다)
　　　 → 話さない かもしれないです(이야기하지 않을지도 몰라요)

　➕ 동사의 과거형인 た에도 붙일 수 있어요.

　　예 話す(이야기하다) → 話した(이야기했다) → 話した かもしれないです(이야기했을지도 몰라요)

❸ 반말로 말할 때는 です를 떼고 かもしれない만 붙이면 돼요.

　예 行く かもしれない。갈지도 몰라.

3 회화 말하기

Track20-08

[미팅 시간에 늦은 스즈키]

민수 今 どこですか？

스즈키 すみません。10分くらい
遅れる かもしれないです。

민수 わかりました。
着いて 連絡してください。

스즈키 はい、はやく 行きます。

민수 지금 어디예요?
스즈키 죄송합니다. 10분 정도 늦을지도 몰라요.
민수 알겠어요. 도착해서 연락해 주세요.
스즈키 네, 빨리 가겠습니다.

今 지금	どこ 어디	くらい 정도
遅れる 늦다	わかる 알다	着く 도착하다
連絡する 연락하다	はやく 빨리	行く 가다

4 직접 말하기

Track20-09

스즈키 오늘, 정시 퇴근해요?
きょう、定時退社しますか？

나 아니요, 미팅이 늦게 끝날지도 몰라요.
いいえ、ミーティングが おそく 終わる かもしれないです。

きょう 오늘　定時退社する 정시 퇴근하다　ミーティング 미팅　おそい 늦다　終わる 끝나다

↳ 아니요, 회의가 계속될지도 몰라요.　#会議(かいぎ) 회의 #つづく 계속되다
いいえ、会議が つづく かもしれないです。

↳ 아니요, 면담이 있을지도 몰라요.　#面談(めんだん) 면담 #ある 있다
いいえ、面談が ある かもしれないです。

Track20-10

1 음성을 잘 듣고, 올바른 단어를 고른 뒤 뜻을 써 보세요.

おいしい かもしれないです   きれい かもしれないです
行く かもしれないです。

1) ＿＿＿＿＿＿＿＿＿＿＿＿ (뜻 :   )

2) ＿＿＿＿＿＿＿＿＿＿＿＿ (뜻 :   )

3) ＿＿＿＿＿＿＿＿＿＿＿＿ (뜻 :   )

2 문장을 읽고 뜻을 써 보세요.

1) つづく かもしれないです。(뜻 :   )

2) そっちの ほうが もっと きれい かもしれない。(뜻 :   )

3) ちょっと 難しい かもしれないです。(뜻 :   )

3 한국어 뜻을 보고 빈칸에 들어갈 적절한 것을 골라 문장을 완성하세요.

1) 일본어는 배웠을지도 몰라요.

→ にほんごは （   ） かもしれないです。
① 習い   ② 習いました   ③ 習った

2) 내일, 늦을지도 몰라요.

→ あした、遅れる （   ）。
① た あと   ② かもしれないです   ③ た まま

3) 이 이야기는 이상할지도 몰라요.

→ この 話は おかしい （   ） です。
① た まま   ② だ あと   ③ かもしれない

4) 오늘은 추울지도 몰라.

→ きょうは （   ） かもしれない。
① 寒いです   ② 寒い   ③ した あと

238

단어 쓰기 연습 ✎

<ruby>楽<rt>らく</rt></ruby>だ				
편안하다				

<ruby>営業<rt>えいぎょう</rt></ruby>				
영업				

<ruby>会議室<rt>かい ぎ しつ</rt></ruby>				
회의실				

<ruby>遅<rt>おく</rt></ruby>れる				
늦다				

<ruby>連絡<rt>れん らく</rt></ruby>				
연락				

<ruby>外出<rt>がいしゅつ</rt></ruby>				
외출				

<ruby>定時退社<rt>てい じ たいしゃ</rt></ruby>				
정시 퇴근				

부록

DAY 01 30쪽

1 1) かいしゃいん 회사원

2) がくせい 학생

3) かんこくじん 한국인

2 1) 친구예요?

2) 남동생이 아니에요.

3) 어제였어요.

3 1) せんせい（① じゃ ないです）。

2) はい、わたし（③ です）。

3) かんこくじん（② ですか）。

4) こちら（③ でした）か。

DAY 02 42쪽

1 1) たのしい 즐겁다

2) さむい 춥다

3) おいしい 맛있다

2 1) 오늘은 덥지 않아요.

2) 매우 맛있었어.

3) 달았어.

3 1) とても あま（② いです）。

2) おいし（③ かった）。

3) わる（② く ないです）。

4) あつ（③ かったですか）。

DAY 03 54쪽

1 1) だいじょうぶですか 괜찮아요?

2) きれいだった 예뻤어

3) すきです 좋아해요

2 1) 일, 힘들었어요.

2) 매우 예뻐요.

3) 복잡해요.

3 1) とても たいへん（② だったです）か。

2) きれい（③ だった）。

3) げんき（① です）か。

4) だいじょうぶ（② じゃ なかった）。

DAY 04 66쪽

1 1) ならいません 배우지 않아요

2) やすみますか 쉬어요?

3) まちました 기다렸어요

2 1) 어제, 배웠어요.

2) 이거, 알지 못해요(몰라요).

3) 지금, 가요.

3 1) にほんごは（③ ならいました）。

2) きのう、いき（③ ました）か。

3) きょうは（① やすみます）。

4) きょうは（① あります）か。

DAY 05 78쪽

1 1) **おぼえますか** 기억해요?

2) **つとめません** 근무하지 않아요

3) **やめました** 그만뒀어요

2 1) 어제, 먹었어요.

2) 지금, 근무하지 않아요.

3) 오늘, 외출해요?

3 1) いっしょに（③ たべました）。

2) きょう、べんきょう（③ します）か。

3) きょうは（① うんどうします）。

4) きのうは いえで（③ つとめました か）。

DAY 06 90쪽

1 1) **いこう** 가자

2) **やすみましょう** 쉽시다

3) **ならいませんか** 배우지 않을래요?

2 1) 오늘, 고를까요?

2) 이거, 먹지 않을래요?

3) 쉬자.

3 1) にほんごを（③ ならいましょうか）。

2) あした、たべ（③ ましょう）か。

3) きょうは いっしょに（② いきません か）。

4) これを（③ えらぼう）。

DAY 07 102쪽

1 1) **あそびたかった** 놀고 싶었어

2) **あいたくなかったです** 만나고 싶지 않았어요

3) **やすみたい** 쉬고 싶어

2 1) 어제, 가고 싶지 않았어요.

2) 이거, 담당하고 싶지 않아요.

3) 내일, 근무하고 싶지 않아.

3 1) およぎ（② たくないです）。

2) きのう、いき（③ たくなかったです） か。

3) きょうは べんきょう（③ したくない）。

4) かいしゃを やめ（① たい）。

DAY 08 114쪽

1 1) **いきやすい** 가기 쉬워(편해)

2) **ならいにくい** 배우기 어려워

3) **つかいかた** 사용하는 법

2 1) 지금, 먹으러 가요.

2) 이거, 알기 쉬워요.

3) 이 보고서, 쓰기 어려워요.

3 1) にほんごは（① ならいやすいです）。

2) きょう、あい（③ に）いきますか。

3) これは おぼえ（① やすい）です。

4) いっしょに（③ たべに）いきましょう。

1 1) **まてました** 기다릴 수 있었어요

  2) **おぼえられる** 외울 수 있어

  3) **いけます** 갈 수 있어요

2 1) 어제, 만날 수 있었어요?

  2) 이거, 할 수 없어요.

  3) 전부 외울 수 있어.

3 1) にほんで（③ あえます）か。

  2) きのう、かいしゃに い（③ けました）か。

  3) きょうは（③ できます）。

  4) にほんごは（③ はなせますか）。

1 1) **押されます** 밀쳐져요

  2) **準備された** 준비 되었어

  3) **行かれました** 가졌어요(가게 되어졌어요)

2 1) 어제, 열렸어요(열리게 되어졌어요).

  2) 발을 밟혔어요.

  3) 오늘, 가져요(가게 되어져요).

3 1) 延期（③ されます）。

  2) きょう、急に（③ 開かれました）。

  3) しゃちょうに（② 呼ばれる）。

  4) オープン（③ される）。

1 1) **しゅっぱつしない** 출발하지 않아

  2) **つとめなければ ならないです**
    근무하지 않으면 안 돼요

  3) **やすまないです** 쉬지 않아요

2 1) 오늘, 가지 않으면 안 돼요.

  2) 이거, 먹지 않았어.

  3) 내일, 근무하지 말아주세요.

3 1) にほんごは（③ ならわない）。

  2) きのう、いかなかった（① です）か。

  3) きょうは やす（③ まなければ ならない です）。

  4) よる おそくまで のまない（② でください）。

1 1) **受けさせる** 받게 하다

  2) **たんとうさせました** 담당하게 했어요

  3) **行かせます** 가게 해요

2 1) 아까, 정리하게 했어요.

  2) 나를 기다리게 했어요.

  3) 참가하게 했어요.

3 1) 弟を さきに 家に 行か（② せる）。

  2) きょうの 午後に たずね（① させます）か。

  3) きょうは（③ 休ませました）。

  4) ぶちょうは よく わたしを 出張に 行か（② せます）。

DAY 13   168쪽

1 1) 食べた ことが ある 먹은 적이 있어

   2) 行った 갔어

   3) 終わった あと 끝난 뒤(후)

2 1) 어제, 배웠어.

   2) 이거, 먹은 적이 있어요.

   3) 회의가 끝난 뒤(후) 가요.

3 1) にほんごは （③ 習った）。

   2) きのう、行 （③ った） か。

   3) きょうは （② 休んだ あと） つとめます。

   4) きょうは 勉強 （② した）。

DAY 14   178쪽

1 1) 食べて 먹어

   2) 行ってください 가 주세요

   3) 借りても いいですか 빌려도 좋아요(돼요)?

2 1) 이거, 사용해 주세요.

   2) 이거, 먹어도 좋아요(돼요)?

   3) 아침 일찍 가도 좋아요(돼요)?

3 1) 映画を 見 （③ ている）。

   2) これ、食べ （③ ても いいです） か。

   3) きょうは （③ 休んでも いいです）。

   4) これ （② 見て）。

DAY 15   188쪽

1 1) おいしい りんご 맛있는 사과

   2) 食べる 人 먹는 사람

   3) きれいな 人 예쁜 사람

2 1) 예쁜 사람을 좋아해요.

   2) 회의에 오는 사람은 스즈키 씨예요.

   3) 매우 노란 스커트예요.

3 1) すずきさんは とても （③ まじめな） 人 です。

   2) のみかいに 行 （① く） 人は 何人ですか。

   3) （① おいしい） りんごが 食べたいです。

   4) パーティーに （① 来る） 人は だれですか。

DAY 16   198쪽

1 1) ともだちに あって 친구를 만나고

   2) 甘くて おいしい 달고 맛있어

   3) きれいで 親切だ 예쁘고 친절해

2 1) 이 요리는 달고 매워요.

   2) 다나카 씨는 잘생기고 멋져요.

   3) 7시에 일어나서 아침밥을 먹어요.

3 1) 韓国の 料理は 辛 （① くて） おいしいで す。

   2) ウンジョンさんは きれい （② で） 親切 です。

   3) きょうは ともだちに （② あって） 映画 を 見ます。

   4) この 店は 有名 （② で） すてきだ。

DAY 17   208쪽

1 1) 好きに なります 좋아져요

2) 辛く なります 매워져요

3) 持つ ように なります 가지게 돼요

2 1) 점점 멋져져요.

2) 관심을 보이게 돼요.

3) 달아져요.

3 1) にほんごが だんだん（③ 好きに なります）。

2) キムさんは すてき（② に なる）か。

3) しょっぱ（① く なる）。

4) 興味を 持（③ つ ように なる）。

DAY 18   218쪽

1 1) 作って あげる 만들어줄 거야

2) 作って くれる 만들어줘

3) 作って もらう 만들어 받아

2 1) 사줘.

2) 이거, 써줄 거야.

3) 서류를 보내 받아.

3 1) 母に 買って（① あげる）。

2) ともだちに 買って（① あげます）。

3) ともだちが 買って（② くれる）。

4) しょるいを 送って（③ もらう）。

DAY 19   228쪽

1 1) 行った ものだ 먹곤 했지

2) 食べた まま 먹은 채

3) 行った ほうが いい 가는 편이 좋아

2 1) 오늘은 가는 편이 좋아요.

2) 밥을 (입에) 넣은 채로 이야기했어요.

3) 저기에 가곤 했지.

3 1) にほんごは（① 習った ほうが いい）。

2) きのう、テレビを つけ（② た まま）寝た。

3) きょうは（③ 休んだ）ほうが いい。

4) ここで 食べ（② た ものだ）。

DAY 20   238쪽

1 1) おいしい かもしれないです

맛있을지도 몰라요

2) 行く かもしれないです 갈지도 몰라요

3) きれい かもしれないです 예쁠지도 몰라요

2 1) 계속될지도 몰라요.

2) 그쪽이 더 깨끗할지도 몰라.

3) 조금 어려울지도 몰라요.

3 1) にほんごは（③ 習った）かもしれない です。

2) あした、遅れる（② かもしれないで す）。

3) この 話は おかしい（③ かもしれな い）です。

4) きょうは（② 寒い）かもしれない。

246

~は ~은/는	~が ~이/가	~を ~을/를	~と ~와/과
~に ~에(방향/장소)	~へ ~으로(방향)	~で ~에서(장소), ~으로(수단)	~から ~로부터
~まで ~까지	~か ~인가(추측)	~や ~와/과(부분 열거)	~も ~도
~ほど ~정도, ~만큼	~くらい ~정도	~ばかり ~만/뿐	~より ~보다(비교)
~の ~의, ~의 것	~ので ~이기 때문에(객관적 이유)	~から ~이기 때문에(주관적 이유)	

1 すみません、トイレは どこですか。 죄송합니다, 화장실은 어디입니까?
　　　　　　　~은/는

2 スカートと 青いズボンを 買いました。 스커트와 파란 바지를 샀습니다.
　　　　~와/과　　　　　　　~을/를

3 バスで うちに 帰ります。 버스로 집에 돌아갑니다.
　　~으로(수단)　~에(장소)

4 私が 行くから、彼も 行きます。 내가 가기 때문에, 그도 갑니다.
　　~이/가　　~이기 때문에　　~도

5 テーブルの うえに 本や ぺんが あります。 테이블 위에 책과 펜이 있습니다.
　　　　~의　　~에(장소) ~와/과　~이/가

1 い형용사

い형용사는 어미(꼬리)가 い로 끝나는 형용사예요.

たか 高い 비싸다	やす 安い 싸다	たか 高い 높다	ひく 低い 낮다
お い 美味しい 맛있다	まずい 맛없다	おお 大きい 크다	ちい 小さい 작다
むずか 難しい 어렵다	やさ 易しい 쉽다	あたら 新しい 새롭다	ふる 古い 오래되다
なが 長い 길다	みじか 短い 짧다	おお 多い 많다	すく 少ない 적다
ひろ 広い 넓다	せま 狭い 좁다	おもしろ 面白い 재미있다	つまらない 재미없다
いい 좋다	わるい 나쁘다	つよ 強い 강하다	よわ 弱い 약하다
おも 重い 무겁다	かる 軽い 가볍다	とお 遠い 멀다	ちか 近い 가깝다
あつ 暑い 덥다	さむ 寒い 춥다	はや 早い 이르다	おそ 遅い 늦다
あま 甘い 달다	にが 苦い 쓰다	くろ 黒い 검다	しろ 白い 희다

❷ な형용사

な형용사는 어미(꼬리)가 だ로 끝나고, 명사를 수식할 때 어미(꼬리)가 な로 바뀌는 형용사예요.

べんり **便利だ** 편리하다	ふべん **不便だ** 불편하다	す **好きだ** 좋아하다	**きらいだ** 싫어하다
かんたん **簡単だ** 간단하다	ふくざつ **複雑だ** 복잡하다	じょうず **上手だ** 능숙하다	へた **下手だ** 미숙하다
しんせつ **親切だ** 친절하다	ふしんせつ **不親切だ** 불친절하다	しず **静かだ** 조용하다	**きれいだ** 예쁘다
だいじょうぶ **大丈夫だ** 괜찮다	だいじ **大事だ** 소중하다	まじめ **真面目だ** 성실하다	しんぱい **心配だ** 걱정이다
だめ **駄目だ** 안 된다(금지)	ひま **暇だ** 한가하다	げんき **元気だ** 건강하다	たいへん **大変だ** 힘들다
かわいそうだ 불쌍하다	にぎ **賑やかだ** 번화하다	ざんねん **残念だ** 유감이다	じゅうぶん **十分だ** 충분하다

※ 아래 단어의 의미를 생각하면서 한자 읽는 법을 2번씩 말해 보세요.

❶ 大きい
❷ 少ない
❸ 長い
❹ 低い
❺ 重い
❻ 広い
❼ 暑い
❽ 白い
❾ 甘い
❿ 遅い
⓫ 静かだ
⓬ 上手だ
⓭ 便利だ
⓮ 大変だ
⓯ 好きだ
⓰ 元気だ
⓱ 賑やかだ
⓲ 大丈夫だ
⓳ 簡単だ
⓴ 親切だ

③ 1그룹 동사

1그룹 동사는 어미(꼬리)가 う·つ·る·む·ぶ·ぬ·く·ぐ·す로 끝나는 동사예요.

買う 사다	習う 배우다	会う 만나다	言う 말하다
使う 사용하다	もらう 받다	手伝う 돕다	立つ 서다
待つ 기다리다	持つ 들다	売る 팔다	わかる 알다
ある (물건이) 있다	降る 내리다	乗る 타다	始まる 시작하다
かかる (시간이) 걸리다	なる 되다	終わる 끝나다	座る 앉다
飲む 마시다	読む 읽다	休む 쉬다	選ぶ 고르다
飛ぶ 날다	呼ぶ 부르다	死ぬ 죽다	書く 쓰다
聞く 듣다	行く 가다	歩く 걷다	泳ぐ 수영하다
脱ぐ 벗다	急ぐ 서두르다	話す 이야기하다	返す 되돌려주다

4 2그룹, 3그룹 동사

2그룹 동사는 어미(꼬리)가 **る**로 끝나고, **る** 앞이 **い**나 **え**단인 동사예요. 3그룹 동사는 **する**와 **くる** 두 개만 있어요.

^み見る 보다	^た食べる 먹다	^で出かける 외출하다	^で出る 나가다
^き着る 입다	^お起きる 일어나다	^お降りる 내리다	^ね寝る 자다
いる (사람이) 있다	かける (전화를) 걸다	できる 할 수 있다	^{おし}教える 가르치다
^{おぼ}覚える 외우다, 기억하다	^{わす}忘れる 잊다	^と閉じる 닫다	^あ開ける 열다
^{つと}勤める 근무하다	^{たず}訪ねる 방문하다	やめる 그만두다	あげる 주다
^{こた}答える 대답하다	^{つづ}続ける 계속하다	する 하다	くる 오다

※ 아래 단어의 의미를 생각하면서 한자 읽는 법을 2번씩 말해 보세요.

❶ 会う   ❻ 持つ   ⑪ 教える   ⑯ 起きる

❷ 言う   ❼ 飛ぶ   ⑫ 食べる   ⑰ 開ける

❸ 泳ぐ   ❽ 急ぐ   ⑬ 着る   ⑱ 訪ねる

❹ 始まる   ❾ 終わる   ⑭ 続ける   ⑲ 見る

❺ 待つ   ❿ 習う   ⑮ 降りる   ⑳ 出る

맛있는 books

히라가나 오십음도표

	あ단		い단		う단		え단		お단	
あ행	あ	a 아	い	i 이	う	u 우	え	e 에	お	o 오
か행	か	ka 카	き	ki 키	く	ku 쿠	け	ke 케	こ	ko 코
さ행	さ	sa 사	し	shi 시	す	su 스	せ	se 세	そ	so 소
た행	た	ta 타	ち	chi 치	つ	tsu 츠	て	te 테	と	to 토
な행	な	na 나	に	ni 니	ぬ	nu 누	ね	ne 네	の	no 노
は행	は	ha 하	ひ	hi 히	ふ	fu 후	へ	he 헤	ほ	ho 호
ま행	ま	ma 마	み	mi 미	む	mu 무	め	me 메	も	mo 모
や행	や	ya 야			ゆ	yu 유			よ	yo 요
ら행	ら	ra 라	り	ri 리	る	ru 루	れ	re 레	ろ	ro 로
わ행	わ	wa 와							を	wo 오
					ん	n 응				

가타카나 오십음도표

	ア단		イ단		ウ단		エ단		オ단	
ア행	ア	a 아	イ	i 이	ウ	u 우	エ	e 에	オ	o 오
カ행	カ	ka 카	キ	ki 키	ク	ku 쿠	ケ	ke 케	コ	ko 코
サ행	サ	sa 사	シ	shi 시	ス	su 스	セ	se 세	ソ	so 소
タ행	タ	ta 타	チ	chi 치	ツ	tsu 츠	テ	te 테	ト	to 토
ナ행	ナ	na 나	ニ	ni 니	ヌ	nu 누	ネ	ne 네	ノ	no 노
ハ행	ハ	ha 하	ヒ	hi 히	フ	fu 후	ヘ	he 헤	ホ	ho 호
マ행	マ	ma 마	ミ	mi 미	ム	mu 무	メ	me 메	モ	mo 모
ヤ행	ヤ	ya 야			ユ	yu 유			ヨ	yo 요
ラ행	ラ	ra 라	リ	ri 리	ル	ru 루	レ	re 레	ロ	ro 로
ワ행	ワ	wa 와							ヲ	wo 오
					ン	n 응				

맛있는 books

이번에 제대로

맛있는 일본어

첫걸음

김현정(혼쌤니혼고) 저

히라가나/가타카나

쓰기노트

맛있는 books

이번에 제대로 맛있는 일본어 일본어 첫걸음

히라가나/가타카나
쓰기노트

김현정(혼쌤니혼고) 저

맛있는 books

히라가나

❶ 청음

あ행

あ	あ	あ		
a 아				

い	い	い		
i 이				

う	う	う		
u 우				

え	え	え		
e 에				

お	お	お		
o 오				

か
ka 카

か	か			

き
ki 키

き	き			

く
ku 쿠

く	く			

け
ke 케

け	け			

こ
ko 코

こ	こ			

さ행

さ ① ② sa 사	さ	さ			

し ① shi 시	し	し			

す ① ② su 스	す	す			

せ ① ② ③ se 세	せ	せ			

そ ① so 소	そ	そ			

4

た행

② ❶ た ③ ④ ta 타	た	た			
② ❶ ち chi 치	ち	ち			
❶ つ tsu 츠	つ	つ			
❶ て te 테	て	て			
❶ と ② to 토	と	と			

な
na 나

に
ni 니

ぬ
nu 누

ね
ne 네

の
no 노

は
ha 하

ひ
hi 히

ふ
fu 후

へ
he 헤

ほ
ho 호

ま
ma 마

み
mi 미

む
mu 무

め
me 메

も
mo 모

ya 야	や	や			

yu 유	ゆ	ゆ			

yo 요	よ	よ			

ら
ra 라

り
ri 리

る
ru 루

れ
re 레

ろ
ro 로

わ
wa 와

を
wo 오

ん
n 응

❷ 탁음

がぎ

が행				
が ga 가	が	が		
ぎ gi 기	ぎ	ぎ		
ぐ gu 구	ぐ	ぐ		
げ ge 게	げ	げ		
ご go 고	ご	ご		

ざ
za 자

じ
ji 지

ず
zu 즈

ぜ
ze 제

ぞ
zo 조

だ행

だ	だ	だ			
da 다

ぢ ぢ ぢ
ji 지

づ づ づ
zu 즈

で で で
de 데

ど ど ど
do 도

14

ば
ba 바

び
bi 비

ぶ
bu 부

べ
be 베

ぼ
bo 보

ぱ행

	ぱ	ぱ			
pa 파					

	ぴ	ぴ			
pi 피					

	ぶ	ぶ			
pu 푸					

	ぺ	ぺ			
pe 페					

	ぽ	ぽ			
po 포					

❸ 요음

きゃ행

きゃ kya 캬						
きゅ kyu 큐						
きょ kyo 쿄						

ぎゃ행

ぎゃ gya 갸						
ぎゅ gyu 규						
ぎょ gyo 교						

しゃ sya 샤						
しゅ shu 슈						
しょ sho 쇼						

じゃ행

じゃ ja 쟈						
じゅ ju 쥬						
じょ jo 죠						

ちゃ cha 챠					

ちゅ chu 츄					

ちょ cho 쵸					

にゃ행

にゃ nya 냐					

にゅ nyu 뉴					

にょ nyo 뇨					

ひゃ hya 햐						
ひゅ hyu 휴						
ひょ hyo 효						

びゃ행

びゃ bya 뱌						
びゅ byu 뷰						
びょ byo 뵤						

ぴゃ pya 퍄					

ぴゅ pyu 퓨					

ぴょ pyo 표					

みゃ행

みゃ mya 먀					

みゅ myu 뮤					

みょ myo 묘					

りゃ rya 랴						

りゅ ryu 류						

りょ ryo 료						

※ 헷갈리는 글자를 모아 한 번 더 써 봅시다.

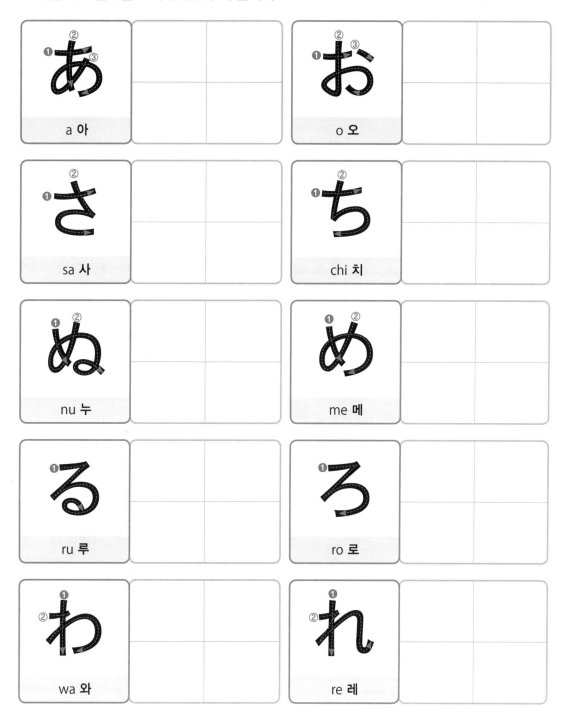

a 아

o 오

sa 사

chi 치

nu 누

me 메

ru 루

ro 로

wa 와

re 레

가타카나

1 청음

 **ア행**

ア a 아	ア	ア			

イ i 이	イ	イ			

ウ u 우	ウ	ウ			

エ e 에	エ	エ			

オ o 오	オ	オ			

カ행

カ	カ	カ		
ka 카				

キ	キ	キ		
ki 키				

ク	ク	ク		
ku 쿠				

ケ	ケ	ケ		
ke 케				

コ	コ	コ		
ko 코				

サ
② ③
① サ サ
sa 사

シ
① ② シ シ
③
shi 시

ス
① ス ス
②
su 스

セ
② セ セ
①
se 세

ソ
① ② ソ ソ
so 소

夕 ta 타	夕	夕			
チ chi 치	チ	チ			
ツ tsu 츠	ツ	ツ			
テ te 테	テ	テ			
ト to 토	ト	ト			

ナ행

ナ na 나	ナ	ナ			

二 ni 니	二	二			

ヌ nu 누	ヌ	ヌ			

ネ ne 네	ネ	ネ			

ノ no 노	ノ	ノ			

ハ	ハ	ハ			
ha 하					

ヒ	ヒ	ヒ			
hi 히					

フ	フ	フ			
fu 후					

ヘ	ヘ	ヘ			
he 헤					

ホ	ホ	ホ			
ho 호					

ma 마

mi 미

mu 무

me 메

mo 모

ヤ	ヤ			

ya 야

ユ	ユ			

yu 유

ヨ	ヨ			

yo 요

ラ	ラ	ラ			
① ② ra 라					

リ	リ	リ			
① ② ri 리					

ル	ル	ル			
① ② ru 루					

レ	レ	レ			
① re 레					

ロ	ロ	ロ			
① ② ③ ro 로					

ワ
wa 와

ワ ワ

ヲ
wo 오

ヲ ヲ

ン
n 응

ン ン

② 탁음

ガ행

ガ ga 가	ガ	ガ			

ギ gi 기	ギ	ギ			

グ gu 구	グ	グ			

ゲ ge 게	ゲ	ゲ			

ゴ go 고	ゴ	ゴ			

ザ	ザ			

za 자

ジ	ジ			

ji 지

ズ	ズ			

zu 즈

ゼ	ゼ			

ze 제

ゾ	ゾ			

zo 조

ダ행 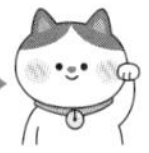

ダ

da 다

ヂ

ji 지

ヅ

zu 즈

デ

de 데

ド

do 도

バ
ba 바

ビ
bi 비

ブ
bu 부

ベ
be 베

ボ
bo 보

パ
pa 파

ピ
pi 피

プ
pu 푸

ペ
pe 페

ポ
po 포

❸ 요음

キャ행

キャ kya 캬					
キュ kyu 큐					
キョ kyo 쿄					

ギャ행

ギャ gya 갸					
ギュ gyu 규					
ギョ gyo 교					

 シャ행

シャ sya 샤						

シュ shu 슈						

ショ sho 쇼						

ジャ행

ジャ ja 쟈						

ジュ ju 쥬						

ジョ jo 죠						

チャ cha 챠						
チュ chu 츄						
チョ cho 쵸						

ニャ nya 냐						
ニュ nyu 뉴						
ニョ nyo 뇨						

ヒャ행

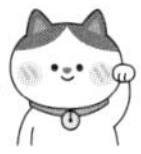

ヒャ
hya 햐

ヒュ
hyu 휴

ヒョ
hyo 효

ビャ행

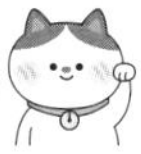

ビャ
bya 뱌

ビュ
byu 뷰

ビョ
byo 뵤

ピャ pya 퍄					

ピュ pyu 퓨					

ピョ pyo 표					

ミャ행

ミャ mya 먀					

ミュ myu 뮤					

ミョ myo 묘					

リャ						
rya 랴						

リュ						
ryu 류						

リョ						
ryo 료						

※ 헷갈리는 글자를 모아 한 번 더 써 봅시다.

ク		
ku 쿠		

ケ		
ke 케		

シ		
shi 시		

ツ		
tsu 츠		

ス		
su 스		

ヌ		
nu 누		

ソ		
so 소		

ン		
n 응		

チ		
chi 치		

テ		
te 테		

오십음도 채우기

❶ 히라가나 오십음도 채우기

	あ단	い단	う단	え단	お단
あ행	a 아	i 이	u 우	e 에	o 오
か행	ka 카	ki 키	ku 쿠	ke 케	ko 코
さ행	sa 사	shi 시	su 스	se 세	so 소
た행	ta 타	chi 치	tsu 츠	te 테	to 토
な행	na 나	ni 니	nu 누	ne 네	no 노
は행	ha 하	hi 히	fu 후	he 헤	ho 호
ま행	ma 마	mi 미	mu 무	me 메	mo 모
や행	ya 야		yu 유		yo 요
ら행	ra 라	ri 리	ru 루	re 레	ro 로
わ행	wa 와				wo 오
			n 응		

❷ 가타카나 오십음도 채우기

	ア단		イ단		ウ단		エ단		オ단
ア행		a 아		i 이		u 우		e 에		o 오
カ행		ka 카		ki 키		ku 쿠		ke 케		ko 코
サ행		sa 사		shi 시		su 스		se 세		so 소
タ행		ta 타		chi 치		tsu 츠		te 테		to 토
ナ행		na 나		ni 니		nu 누		ne 네		no 노
ハ행		ha 하		hi 히		fu 후		he 헤		ho 호
マ행		ma 마		mi 미		mu 무		me 메		mo 모
ヤ행		ya 야				yu 유				yo 요
ラ행		ra 라		ri 리		ru 루		re 레		ro 로
ワ행		wa 와								wo 오
						n 응				

이번에 제대로
맛있는 일본어
첫걸음

쓰기노트

외국어 전문 출판 브랜드

www.booksJRC.com

13730

ISBN 979-11-6148-089-3

9 791161 480893

본책+쓰기 노트+음원 QR+강의 QR

형용사 활용표

	기본형	정중형	현재 부정형	정중 부정형	과거형	정중 과거형	과거 부정형	정중 과거 부정형	연결형
い형용사	高(たか)い 높다	高いです 높습니다	高くない 높지 않다	高くないです 높지 않습니다	高かった 높았다	高かったです 높았습니다	高くなかった 높지 않았다	高くなかったです 높지 않았습니다	高くて 높고
	重(おも)い 무겁다	重いです 무겁습니다	重くない 무겁지 않다	重くないです 무겁지 않습니다	重かった 무거웠다	重かったです 무거웠습니다	重くなかった 무겁지 않았다	重くなかったです 무겁지 않았습니다	重くて 무겁고
	長(なが)い 길다	長いです 깁니다	長くない 길지 않다	長くないです 길지 않습니다	長かった 길었다	長かったです 길었습니다	長くなかった 길지 않았다	長くなかったです 길지 않았습니다	長くて 길고
	広(ひろ)い 넓다	広いです 넓습니다	広くない 넓지 않다	広くないです 넓지 않습니다	広かった 넓었다	広かったです 넓었습니다	広くなかった 넓지 않았다	広くなかったです 넓지 않았습니다	広くて 넓고
	遠(とお)い 멀다	遠いです 멉니다	遠くない 멀지 않다	遠くないです 멀지 않습니다	遠かった 멀었다	遠かったです 멀었습니다	遠くなかった 멀지 않았다	遠くなかったです 멀지 않았습니다	遠くて 멀고
	多(おお)い 많다	多いです 많습니다	多くない 많지 않다	多くないです 많지 않습니다	多かった 많았다	多かったです 많았습니다	多くなかった 많지 않았다	多くなかったです 많지 않았습니다	多くて 많고
な형용사	好(す)きだ 좋아하다	好きです 좋아합니다	好きじゃない 좋아하지 않다	好きじゃないです 좋아하지 않습니다	好きだった 좋아했다	好きだったです 좋아했습니다	好きじゃなかった 좋아하지 않았다	好きじゃなかったです 좋아하지 않았습니다	好きで 좋아하고
	上手(じょうず)だ 잘하다	上手です 잘합니다	上手じゃない 잘하지 않다	上手じゃないです 잘하지 않습니다	上手だった 잘했다	上手だったです 잘했습니다	上手じゃなかった 잘하지 않았다	上手じゃなかったです 잘하지 않았습니다	上手で 잘하고
	便利(べんり)だ 편리하다	便利です 편리합니다	便利じゃない 편리하지 않다	便利じゃないです 편리하지 않습니다	便利だった 편리했다	便利だったです 편리했습니다	便利じゃなかった 편리하지 않았다	便利じゃなかったです 편리하지 않았습니다	便利で 편리하고
	元気(げんき)だ 건강하다	元気です 건강합니다	元気じゃない 건강하지 않다	元気じゃないです 건강하지 않습니다	元気だった 건강했다	元気だったです 건강했습니다	元気じゃなかった 건강하지 않았다	元気じゃなかったです 건강하지 않았습니다	元気で 건강하고
	賑(にぎ)やかだ 번화하다	賑やかです 번화합니다	賑やかじゃない 번화하지 않다	賑やかじゃないです 번화하지 않습니다	賑やかだった 번화했다	賑やかだったです 번화했습니다	賑やかじゃなかった 번화하지 않았다	賑やかじゃなかったです 번화하지 않았습니다	賑やかで 번화하고
	きれいだ 예쁘다	きれいです 예쁩니다	きれいじゃない 예쁘지 않다	きれいじゃないです 예쁘지 않습니다	きれいだった 예뻤다	きれいだったです 예뻤습니다	きれいじゃなかった 예쁘지 않았다	きれいじゃなかったです 예쁘지 않았습니다	きれいで 예쁘고

자르는 선

동사 활용표

	기본형	정중형	현재 부정형	과거형(た형)	연결형(て형)	권유형	가능형	수동형	사역형
1그룹 동사	買う 사다	買います 삽니다	買わない 사지 않다	買った 샀다	買って 사고	買おう 사자	買える 살 수 있다	買われる 사지다	買わせる 사게 하다
	立つ 서다	立ちます 섭니다	立たない 서지 않다	立った 섰다	立って 서고	立とう 서자	立てる 설 수 있다	立たれる 서지다	立たせる 서게 하다
	乗る 타다	乗ります 탑니다	乗らない 타지 않다	乗った 탔다	乗って 타고	乗ろう 타자	乗れる 탈 수 있다	乗られる 타지다	乗らせる 타게 하다
	読む 읽다	読みます 읽습니다	読まない 읽지 않다	読んだ 읽었다	読んで 읽고	読もう 읽자	読める 읽을 수 있다	読まれる 읽어지다	読ませる 읽게 하다
	死ぬ 죽다	死にます 죽습니다	死なない 죽지 않다	死んだ 죽었다	死んで 죽고	死のう 죽자	死ねる 죽을 수 있다	死なれる 죽어지다	死なせる 죽게 하다
	呼ぶ 부르다	呼びます 부릅니다	呼ばない 부르지 않다	呼んだ 불렀다	呼んで 부르고	呼ぼう 부르자	呼べる 부를 수 있다	呼ばれる 불리다	呼ばせる 부르게 하다
	歩く 걷다	歩きます 걷습니다	歩かない 걷지 않다	歩いた 걸었다	歩いて 걷고	歩こう 걷자	歩ける 걸을 수 있다	歩かれる 걸어지다	歩かせる 걷게 하다
	泳ぐ 헤엄치다	泳ぎます 헤엄칩니다	泳がない 헤엄치지 않다	泳いだ 헤엄쳤다	泳いで 헤엄치고	泳ごう 헤엄치자	泳げる 헤엄칠 수 있다	泳がれる 헤엄쳐지다	泳がせる 헤엄치게 하다
	話す 말하다	話します 말합니다	話さない 말하지 않다	話した 말했다	話して 말하고	話そう 말하자	話せる 말할 수 있다	話される 말하여지다	話させる 말하게 하다
2그룹 동사	食べる 먹다	食べます 먹습니다	食べない 먹지 않다	食べた 먹었다	食べて 먹고	食べよう 먹자	食べられる 먹을 수 있다	食べられる 먹어지다(먹히다)	食べさせる 먹게 하다
3그룹 동사	する 하다	します 합니다	しない 하지 않다	した 했다	して 하고	しよう 하자	できる 할 수 있다	される 해지다	させる 하게 하다
	くる 오다	きます 옵니다	こない 오지 않다	きた 왔다	きて 오고	こよう 오자	こられる 올 수 있다	こられる 오지다	こさせる 오게 하다